VON MANN ZU MANN

SVEN REBEL wurde 1970 geboren, ist in Berlin Kreuzberg zur Schule gegangen und lebt nach exzessiven Jahren in Köln, Paris, London und San Francisco seit 2000 wieder mit festem Wohnsitz in Berlin. Sven Rebel entwickelte und realisierte 15 Jahre lang Reportagen, Dokumentationen und Shows fürs deutsche Fernsehen. Heute arbeitet er als erfolgreicher Life-Coach, berät beim Aufspüren von Trends, hilft bei der Entwicklung eines individuellen Lifestyles und der Optimierung des eigenen Lebenswegs. Privat dreht sich alles um schnelle Autos, Motorräder und das wahre gute Leben.

Bei Bruno Gmünder erschien von Sven Rebel das Sachbuch »Gay Sex Guide«.

Sven Rebel

VON MANN ZU MANN

100 Dinge, die ein schwuler Mann wissen muss!

BRUNO GMÜNDER

Copyright © 2010 Bruno Gmünder Verlag GmbH
Kleiststraße 23-26, D-10787 Berlin
info@brunogmuender.com

Copyright © 2010 Sven Rebel

Umschlaggestaltung: Henning Wossidlo
Coverfoto: Model SRebel; © Ralf Rühmeier; ruehmeier.de

Fotos: 105 © Corbin Fisher, www.CorbinFisher.com
06, 09, 13, 14, 20, 26, 34, 45, 49, 52, 65, 70, 77, 81, 89, 93, 96, 132, 134, 137, 141,
161, 172, 177, 181 © Falcon Studios, www.FalconStudios.com
16, 28, 31, 33, 41, 57, 72, 98, 110, 112-113, 115, 131, 147, 155, 169, 184 iStockphoto.com
10, 67, 94, 149, 153, 174 © Lucas Entertainment, www.LucasEntertainment.com
100, 117-129, 188 © Ralf Rühmeier, www.ralfruehmeier.de

Printed in South Korea
ISBN: 978-3-86787-062-7

Disclaimer: Die Veröffentlichung eines Fotos in diesem Werk ist nicht als Hinweis auf
die sexuelle Orientierung des oder der Abgebildeten aufzufassen.

Alles über unsere Autoren und Bücher:
www.brunogmuender.com

»Meine Freunde sind homosexuell.
Meine Freunde sind alle kriminell.
Sie ficken sich ganz einfach so
gegenseitig in den Po,
und das macht ihnen auch noch Spaß.
Dürfen die das?«

Die Ärzte »Meine Freunde«

INHALT

EINLEITUNG

*a*uf dem Buchmarkt gibt es seit einiger Zeit jede Menge Veröffentlichungen, in denen irgendwelche Herren der geneigten Männerwelt erklären, sie seien nur dann richtige *Männer*, wenn sie beispielsweise die Kernkompetenz besitzen, eine Boeing landen zu können. Also, mal ganz ehrlich, sollte ich jemals in einem Flieger sitzen, der aus welchem Grund auch immer keinen funktionsfähigen Piloten hat, dann ist es mir piepegal, wer das Ding landet – ob ein testosteronstrotzender Held oder eine dickbusige Bumsblondine. Hauptsache, ich komme da wieder in einem Stück raus. Männlichkeit ist mir da vollkommen egal. Auch das Wechseln der Autoreifen wird gern zitiert als Domäne echter Kerle. Warum? Ich kann da nur sagen: Echte Männer sind schon längst einen Schritt weiter, haben begriffen, dass so ziemlich jede Frau das inzwischen auch kann, und lassen ihr (höflich) den Vortritt. Sollen die Mädels sich doch mal die Finger schmutzig machen – selbstverständlich im Namen der Gleichberechtigung. Zusätzlich wird von den Buchschreibern, die offensichtlich nur mit minimalem Selbstbewusstsein ausgestattet sind, behauptet, dass es wichtig sei zu wissen, wie man in die Fremdenlegion eintritt, Papst wird oder endlich lernt, beim Sex wach zu bleiben.

Da kann ich nur sagen: Heteros dieser Welt schaut auf eure schwulen Mitbürger! Für die gibt es das Wort »Schlaf« nämlich nicht, wenn im Umkreis von 50 Kilometern die Möglichkeit zu ordentlichem Sex besteht.

Es scheint, Schwule haben da eher weniger Probleme mit ihrer Männlichkeit. Geht es um die Fremdenlegion, denken sie nämlich nur an eine heftige Nummer mit den scharfen Kerlen, bei einer Boeing an Sex auf der Bordtoilette, und wenn es um den Papst geht, dann denken Schwule sofort an die schnuckeligen Jungs der Schweizer Nationalgarde.

Oder sagen wir es mal so: Während der durchschnittliche heterosexuelle Mann noch über die fußballerischen Qualitäten eines Cristiano Ronaldo diskutiert, hat der ganz normale Schwule schon das erste Mal auf dessen Nacktbilder onaniert. Männer der Tat eben!

Was will ich dem geneigten Leser damit sagen? Ganz einfach: Selbst der verweichlichste Schwule lebt in der Regel seine Männlichkeit einfach aus, während Heteros in Büchern nachschauen müssen, wie sie denn einen Ersatz für ihre nicht erfüllten Wunschträume finden können!

Leider dreht sich das Leben aber nicht nur um Sex, und es bedarf einer Menge mehr, als nur zu wissen, wie eine richtige Analspülung geht, um das Beste aus sich zu machen und erfolgreich durch den Alltag zu kommen.

Und nachdem ich so ziemlich alles Wissenswerte zum Thema Sex in dem hervorragenden »Gay Sex Guide« geschrieben habe (ich bin in meiner Beurteilung natürlich vollkommen objektiv), liegt mit diesem Buch der handliche Ratgeber zum guten schwulen Leben vor. Hier steht fast alles, was man wissen muss, um in jeder Situation eine gute Figur zu machen und den schwulen Lifestyle genießen zu können.

Ein Buch, das hilft, elegant um die großen und kleinen Fallstricke des Alltags herumzuschweben.

Ein Buch jenseits nutzloser Klischees und Vorurteile, dafür mit handfesten Tipps und Anleitungen, die wirklich jeder nutzen kann, sofern er es denn möchte! Ein Buch … absolut heterofriendly! Also, schenkt es auch ruhig jedem Hetero in eurem Bekanntenkreis, denn denen kann das bestimmt nicht schaden!

LIFESTYLE

Was ist das Wichtigste, was ein Schwuler beherrschen muss? Richtig! Small Talk! Ob beim Anmachen, bei der Arbeit, beim schicken Abendessen oder in der hippen Bar – wer die eine oder andere geistreiche Bemerkung in ein Gespräch einstreuen kann, hat nicht nur die Sympathien auf seiner Seite, sondern hält so auch die schwierigste Konversation am Laufen. Deshalb tauchen in diesem Buch immer wieder lustige kleine »Zwischenspiele« auf, die solch unnütz nützliche Infos auflisten. Einfach merken und ab sofort in jeder Gesprächsrunde glänzen!

Schwuler Lifestyle

Homos leben erwiesenermaßen besser als Heteros! 43 Prozent aller Schwulen geben einen Großteil ihres Geldes für Urlaub aus, Heteros dagegen nur 29 Prozent. Exklusive Herrenbekleidung ist 23 Prozent aller Schwulen wichtig, 10 Prozent mehr als bei Heteros.

Mist!

Nur 62 Prozent aller Männer ziehen jeden Morgen frische Unterhosen an. Man mag es kaum glauben, aber der Rest trägt seine gerne mal bis zu einer Woche.

Jung, schick, schwul

Yves Saint Laurent gilt als das Musterbeispiel des erfolgreichen schwulen Mannes und gepflegten Lifestyles. Immerhin wurde er mit 17 Jahren bereits Assistent von Christian Dior und damit jüngster Couturier aller Zeiten. Zwar überlebte ihn sein Erzrivale Karl Lagerfeld, aber die Modewelt ist sich einig, dass der Ex-Zopfträger niemals besser sein wird. Die beiden sind vermutlich der Prototyp des schwulen Zickenkriegs!

'tschuldigung?

Schwarzenegger hat es weit gebracht. Klar ausdrücken kann er sich aber immer noch nicht. Zitat: »Ich finde eine schwule Hochzeit ist etwas, das zwischen Mann und Frau bleiben sollte.«

Wir sind nicht allein

Man geht davon aus, dass von zehn Menschen einer homosexuell ist. Das ist nichts gegen Seepferdchen. Bei denen ist jedes dritte schwul! Respekt!

SCHWUL? WAS MAN WISSEN MUSS

Warum ein Buch für Schwule? Warum können die nicht einfach Handbücher für »alle« Männer lesen? Warum brauchen die eine Extrawurst? Ganz einfach! Schwule sind zwar auch Männer, aber eben andere Männer als Heteros. Unglaubwürdig? Na, dann erst mal ein paar Fakten zum Thema!

Ist Schwulsein angeboren oder anerzogen? Diese Diskussion zieht sich seit vielen Jahren quer durch die Wissenschaft. Jetzt gibt es endlich ein halbwegs handfestes Ergebnis: Schwedische Forscher haben 7600 Zwillingspaare umfassend untersucht. Dabei kam heraus, dass 7 Prozent mindestens einmal Sex mit einem Partner des gleichen Geschlechtes hatten. Bei der Analyse kam heraus, dass bei 17 Prozent der Fälle Familie und gesellschaftliche Normen einen leichten Einfluss auf die Wahl hatten. Die Gene dagegen waren bei erheblich mehr Männern Auslöser für das Homoglück, nämlich bei 18 bis 39 Prozent. Den größten Einfluss auf die sexuelle Orientierung jedoch haben weder Familie noch Gene, sondern persönliche Erfahrungen, die ein Mensch macht, positive wie negative. Und diese können sogar vor der Geburt liegen. Ist das nicht ein wunderbares Ergebnis? Zeigt es doch, dass Schwule nicht nur eine einzelne Gruppe unter den Männern sind, sondern auch, dass es für jeden einen anderen Grund gibt – und einen anderen Weg, sein Leben erfüllt zu sehen –, eben ganz so, wie es bei allen Menschen ist. Das ist doch wohl der beste Grund, sich an seiner Individualität zu erfreuen und so zu leben, wie es das eigene Herz, und natürlich auch der Schwanz, sich wünschen!

Aber erfüllt Schwulsein einen Zweck? Sicher! Nicht nur die Ursache der Homosexualität wurde intensiv erforscht, sondern auch das »Warum?«. Mutter Natur würde eine Entwicklung, egal welcher Art, nicht über Jahrtausende mitschleppen, wenn sie keinen Sinn machen würde – die Evolution verzeiht nämlich keine Fehler!

Eine der Erklärungen, die die Wissenschaft gefunden hat und für die ich starke Sympathien hege, ist die, dass schwule Männer das Bindeglied zwischen den beiden Geschlechtern sind. Auf einen einfachen Punkt gebracht, besagt die These: Da schwulen Männern in der Regel Nachkommen versagt bleiben, fließt deren Lebensenergie der Gesellschaft als Ganzes zugute, ist also nicht egoistisch auf den Erhalt des eigenen Nachwuchs ausgerichtet. Anders gesagt: Der Schwule an sich ist ein echter Mann, dem aber auch die weibliche Denkweise nicht fremd ist! Das klingt doch wie das verbesserte Modell der »Standard-Geschlechter«, oder? Kein Wunder, dass es Homohass gibt. Das ist der pure Neid!

Ganz anders war das bei den alten Spartanern, einem Volk, dem wohl niemand besondere Verweichlichung vorwerfen würde. Schwule waren bei den Spartanern die beliebtesten und besten Krieger, da sie ohne familiäre Verpflichtungen rücksichts- und selbstloser in die Schlacht zogen.

Vielleicht begebe ich mich auf philosophisches Glatteis, wenn ich dieser Theorie anhänge, aber für mich klingt das ziemlich sinnvoll.

WER WAR SCHWUL?

Vor mir gab es ja schon jede Menge kluger Köpfe unter den Homos. Oder um es anders auszudrücken: Ohne Schwule wäre die Welt heute definitiv ärmer dran! Deshalb hier meine persönliche Top Ten der historisch relevanten Homos – von gestern bis heute!

**TOP TEN
WER WAR
SCHWUL?**

10 Der erste verbriefte schwule Mann war ein Pharao – nämlich Akhenaten. Und wie es sich für einen ordentlichen Homo gehört, war er bekannt für seinen Sinn für das Schöne und seinen außergewöhnlichen Geschmack. Außerdem hat er ganz nebenbei als Erster den religiösen Glauben weg von der Vielgötterei und hin zu einem einzigen Gott geführt, auch wenn dieses monotheistische Intermezzo nicht von langer Dauer war. Interessant zu wissen ist auch, dass er eine Königin an seiner Seite hatte, die ebenfalls zu Weltruhm gelangte; neben ihm auf dem Thron saß nämlich die schicke Nofretete!

9 Ebenfalls schwul war einer der wichtigsten Philosophen überhaupt, der gute alte Sokrates, der das abendländische Denken bis heute beeinflusst und als erster Überzeugung durch Fakten statt durch Gewalt propagierte. Den Lehrer Platons hatte es sicherlich erfreut, dass im alten Griechenland die Knabenliebe ein gern gesehener Zeitvertreib war.

8 Stockschwul war auch der mächtigste Feldherr und Eroberer überhaupt, Alexander der Große. Allerdings hatte der echte Alexander überhaupt keine Ähnlichkeit mit dem blondierten Colin Farell in dem furchtbaren Historien-epos »Alexander« – das Original war wohl eher ein ziemlich grobschlächti-ger Macho.

7 Auch der von seinem Sohn Brutus ermordete General Julius Caesar hat nachweislich gern mal ein Schäferstündchen mit anderen Kerlen genossen. Das wirft ein ganz neues Bild auf die Zustände in den Legionen …

6 Und natürlich war das vielleicht größte Genie aller Zeiten ebenfalls schwul: Leonardo da Vinci! Der bedarf wirklich keines weiteren Kommen-tars!

5 Und wer sich jemals gewundert hat, warum auf dem berühmten Decken-gemälde der Sixtinischen Kapelle so viele muskulöse und nackte Männer auftauchen – jawohl, auch Michelangelo war schwul!

4 Ein weiteres Genie, welches wir stolz in unserer Homo-Ahnengalerie führen, ist Alexander von Humboldt. Er war der erste Wissenschaftler mit einer »Netzwerk-Idee«, der Geistes- und Naturwissenschaften verschmolz, um grenzüberschreitendes Denken zu fördern.

3 + 3,5 Wunderbare Musik haben wir dem vollschwulen Peter Tschai-kowsky zu verdanken. Der amerikanische Präsident Abraham Lincoln war zwar nicht ganz bei der Sache, aber immerhin hatte er eine vier Jahre dauernde Affäre mit einem feschen Mann.

2 Dass man heute sagt »Mein Schwanz ist hart wie Kruppstahl!« ist üb-rigens auch kein Wunder. War doch der Erfinder und Industrielle Friedrich Alfred Krupp dem eigenen Geschlecht ebenfalls sehr zugetan.

1 Und so geht die Liste endlos weiter bis in die Gegenwart, bis hin zu jenem Mann, der mit einem einzigen Satz mehr für die Akzeptanz der Schwulen getan hat als jede Menge Plakataktionen irgendwelcher politi-schen Organisationen. Nämlich der Berliner Bürgermeister Klaus Wowereit mit seinem berühmten: »Ich bin schwul, und das ist gut so!«

DAS SCHWARZE SCHAF

Nur weil man schwul ist, ist man nicht automatisch ein besserer Mensch. Den Mantel des Schweigens breite ich lieber aus über einem politischen Kollegen von Wowereit, der mit seinem viele Jahre andauernden verklemmten Versteckspiel selbst den tolerantesten Homo zur Verzweiflung trieb – der politische Suppenkasper Guido Westerwelle. Während ihm schon die letzte Mutti in Castrop Rauxel angesehen hat, dass er lieber mit einem schönen Penis spielt als mit dicken Brüsten, stammelte er in Interviews immer noch rum und stand nicht zu seiner sexuellen Neigung. Heute tut er es ja notgedrungen, und ich würde ihn gern fragen: »Ist das Leben so nicht viel angenehmer? Ja? Warum dann nicht gleich so?«

ECHT MÄNNLICH

Seien wir mal ehrlich, optisch ist es gar nicht so schwer, wie ein richtiger Mann auszusehen – wir alle kennen schließlich die Klischees. Aber *echte* Männlichkeit definiert sich eher selten über dicke Muskeln oder dicht behaarte Bäuche. So ziemlich jeder wurde doch schon mal enttäuscht, wenn so ein optisches Wunderwerk den Mund aufmacht und die Illusion augenblicklich zu Staub zerfällt, weil der geile Ken sich eher wie eine lüsterne Barbie benimmt.

Ob wir einen Kerl so richtig männlich finden, entscheidet letztendlich sowieso das Unterbewusstsein. Und da sind es eher die Kleinigkeiten, die aus einem Jungen einen echten Mann machen.

Deshalb zur Einstimmung auf das Thema:

Meine persönliche, komplett subjektive Top Five der untrüglichen Zeichen echter Männlichkeit!

Unbedingt zur Nachahmung empfohlen!

5 Einhändig einparken
Es ist hinlänglich bewiesen, dass Männer besser einparken können als Frauen – auch wenn es inzwischen einige Mädels gibt, die das ganz gut hinbekommen. Deshalb müssen Jungs jetzt noch einen drauflegen, um den geschlechtsspezifischen Unterschied klarzumachen. Besonders schwulen Jungs sei empfohlen, sich folgende Übung zu einem wirkungsvollen Punkt des eigenen Lifestyles zu

**TOP FIVE
ECHT MÄNNLICH**

machen: das einhändig Einparken! Das bedeutet nichts anderes, als mit einer Hand fest am Steuer, die andere an der Gangschaltung, lässig in drei einfachen Zügen rückwärts auch in die engste Lücke einzuparken. Ohne ständiges Umgreifen, hektisches Kuppeln oder nervöses Vor- und Zurückzuschauen. Wer wird bei so einer Darbietung perfekten räumlichen Denkens nicht schwach? Ein kleines Talent mit großer Wirkung! Jedes Mädchen und jeder Kerl, der hektisch kurbelnd über fünf Minuten lang von fremden Passanten in eine Riesenlücke eingewiesen wird, hat doch im Rennen um unser Herz schon ein paar Punkte verloren. Ein klassisches Beispiel, wie man mit einer unauffälligen Aktion bei allen Zuschauern unbewusst enorme Männlichkeitspluspunkte sammelt!

4 O-Beine

Auch wenn O-Beine gern als Semi-Behinderung belächelt werden, gibt es wohl doch kein anderes so offensichtliches körperliches Merkmal, welches verrät, dass ein Kerl schon in jüngsten Jahren jede Menge Fußball gespielt hat. Und so einer *muss* doch ein richtiger Mann sein! Während viele Schwule mit durchgestreckten Knien und angespannten Arschbacken durch die Gegend staksen, weil sie versuchen, ein schlechtes Model auf dem Catwalk zu imitieren, geht ein Mann mit O-Beinen *immer* lässig. Dabei wirkt er ohne Mühe wie die Coolness in Person. Kein Wunder, dass auch die Cowboys in legendären Western immer betont breitbeinig gegangen sind! Also Jungs, lieber etwas breiter gehen, als Ballerina zu spielen.

3 Sau im Anzug

Wie enorm erfolgreich im täglichen Leben im Allgemeinen, aber auch beim Flirten im Besonderen, selbst ein eher durchschnittlicher Mann in einem gut sitzenden Anzug ist, dürfte sich herumgesprochen haben. (Wer es noch nicht ausprobiert hat, der holt sich meine Anleitung für den perfekten Anzug weiter hinten im Buch!) Was aber noch viel geiler ist, als einfach nur einen guten Anzug zu tragen, ist, wenn unter dem scharfen Dreiteiler eine richtige Sau zum Vorschein kommt. Selbstbewusster geht ein Lifestyle-Statement kaum als eine derbe Tätowierung, die provokant aus dem Hemdärmel hervorlugt oder über den Hemdkragen steht. Da weiß man schon auf 1000 Meter, dass es bei so einem Mann niemals nur um Blümchensex geht und man davon ausgehen muss, dass man nach einer gemeinsamen Nacht erstmal zwei Wochen Erholungsurlaub braucht. Geile Sache, oder? Schließlich ist die Überraschung nach dem Auspacken immer noch die größte Freude!

2 Aschenbecher schmecken

Ich glaube, wir sind uns alle einig, Mundgeruch ist nicht geil. Zigarren-qualm und Alkoholdunst meistens auch nicht, *aber* die Kombination aus beidem kann das reinste Aufputschmittel sein. In einer schäbigen Knei-pe stehen, einen geilen Kerl kennenlernen, den ganzen Abend mit ihm quatschen, Bier trinken, immer schärfer auf ihn werden, und *dann* – end-lich – der erste Kuss der nach Qualm und Bier schmeckt. Gibt es etwas Schärferes? So was kann exklusiv nur bei einem Kerl geil sein. Stell dir mal eine aufgedonnerte Tussi in teuren Klamotten, mit hochgepushten Möpsen und stark blondiertem Haar vor, die beim Knutschen nach Kippen und Bier schmeckt: Das passt einfach nicht. Tut mir leid, liebe Heteros, denn da entgeht euch ein echt sinnliches Erlebnis!

1 Gute Manieren

Eine Sache, die jeder lernen kann und die aus einem Buben einen Mann macht, sind gute Manieren! Gerade Schwule haben oft ein Problem damit und denken, sie müssten besonders zickig, zynisch oder abschätzig sein, um sich von der Masse abzuheben. Fehlanzeige! So was nennt man »Tun-te« oder »Frustschwester«, im positivsten Sinne vielleicht noch »Proll«. Ein Kerl mit guten Manieren dagegen ist beliebt und begehrt und wird schnell als »richtiger Mann« bezeichnet. Und wer will so einen nicht? Deshalb im-mer schön auf das gute Benehmen achten. Und was man noch nicht weiß, kann man ja jetzt in diesem Buch nachlesen! So einfach kann das sein!

ETIKETTENSCHWINDEL

Tja, und dann gibt es unter Männern noch die schlimme Sorte der »Blender«. Biologisch weisen ihre Chromosome sie zwar eindeutig dem männlichen Ge-schlecht zu, aber es gibt eindeutige Anzeichen dafür, dass sie im Inneren ganz anders fühlen. Damit meine ich nicht das berühmte abgeknickte Handgelenk oder einen ausufernden Hüftschwung an einem angeblichen Kerl, nein. Denn egal, wie tuntig ein Kerl ist, er kann trotzdem ein ziemlich überzeugender Mann sein! Es gibt aber einige Dinge, die jede Männlichkeit in Millisekunden pulverisieren. Wer sich nicht selbst zum Penismädchen degradieren will, sollte auf folgende Dinge achten, um nicht in meiner wenig objektiven Top Five der unmännlichsten Dinge zu landen!

5 Soja essen?

Entgegen einem alten Klischee trinken echte Männer nicht *nur* Whisky und Bier. So richtig besaufen tun sich heutzutage ja sowieso nur noch Kinder, wenn sie das Wort »Flatrate« hören. Echte Männer dagegen trinken auch jede Menge Antialkoholisches und ab und zu sogar Milch. Jetzt hat aber bei den körper- und umweltbewussten Männern in den letzten Jahren die leckere Milch aus gezapften Eutern schwer an Popularität verloren und die Pflanzenvariante aus Soja dazugewonnen. Leider! Denn damit tun sich diese ganzen Jungs nichts Gutes. Nur Weicheier greifen zur Sojamilch, und wenn sie noch keine sind, dann werden sie es davon. Denn Soja beinhaltet so viel weibliches Östrogen, dass bei regelmäßigem reichhaltigem Genuss auch den sportlichsten Jungs schöne weiche Brüste wachsen. Kein Scherz! In den USA meiden ernsthafte Sportler alle Sojaprodukte inzwischen wie der Teufel das Weihwasser. Noch viel Schlimmeres haben amerikanische Wissenschaftler der Harvard-Universität herausgefunden: Bei Männern, die viel Soja essen, verringert sich die Spermienzahl drastisch. Also, lieber kein Risiko eingehen!

TOP FIVE TOTAL UNMÄNNLICH

4 Bauchfrei gehen?

Es gibt Kleidung, die sieht an kleinen Jungs und Mädchen wirklich süß aus – solange sie unter 6 Jahren alt sind. Bauchfreie T-Shirts gehören auf jeden Fall dazu. Obwohl sowohl übergewichtige Mädchen in Hüfthosen als auch schwule Männer jeden Alters gern im Hochsommer ihre Körpermitte der Öffentlichkeit ungefragt präsentieren, sind diese Teile das Allerletzte. So was geht maximal als Teil einer abgehalfterten Animationstruppe im Jumbo Center auf Gran Canaria. Ob trainierte Bauchmuskeln oder schwabbelige Fettschürze, egal, der Bauch gehört bedeckt. Dabei gilt auf jeden Fall, je älter der Träger eines bauchfreien Teils, desto beschissener die Wirkung. Sorry, wenn ich das so hier so deutlich sage, aber zieht euch endlich mal wieder vernünftig an. Manchmal ist mehr eben auch mehr!

3 Madonna gut finden?

Wie kann man als schwuler Mann Madonna eigentlich noch gut finden? Ihre Leistungen in den vergangenen Jahren mal außen vor, aber seit sie sich in einen ausgemergelten Knorpelhaufen verwandelt hat, steht sie doch für alles, was ein schwuler Mann von heute *nicht* sein will – eine spaßbefreite, altersfrustrierte Unperson, die versucht, junge Männer mit ihrer stahlharten Vagina einzufangen. Dass sie dabei auch noch durch langweiliges esoterisches Geschwafel gerne irgendeine Art von Relevanz erzielen möchte, macht das Ganze umso schlimmer. Damit wird sie zum größten Schreckensbild eines jeden schwulen Mannes über Vierzig, der doch trotz des

Alters niemals so verzweifelt wirken möchte, sondern einfach nur Spaß am Leben haben will. Damit zerstört sie nachhaltig ihr eigenes Erbe. Wie gerne denkt man zurück an eine revolutionäre Madonna, die uns allen vorgemacht hat, dass man alles erreichen kann, wenn man nur will. Schade drum!

2 Einem Massentrend folgen?
Es ist eine gültige Wahrheit: Schwule sind absolute Trendsetter! Bevor etwas in den Medien ist, haben schwule Jungs in der Regel bereits alles darüber gehört. Ebenfalls der Wahrheit entspricht, dass Männer elektronische Gadgets lieben. Je neuer, je ausgefeilter, desto besser. Wieso in Gottes Namen rennt dann die halbe Homo-Welt mit den kleinen weißen i-Pods durch die Gegend? Nicht nur, dass das optisch an Opas Hörgerät erinnert, viel schlimmer ist, dass die schwule Gemeinde ihre sonst so hoch geschätzte Individualität für teures Geld aus dem Fenster wirft. Es gibt inzwischen bessere, hübschere und billigere MP3-Player, bei denen man sich nicht zum Sklaven eines Zwangs-Download-Portals machen muss. Wach auf, schwules Deutschland, und hol dir deine Vorreiterrolle zurück!

1 »Geile« Unterwäsche tragen?
In der Werbung wird oft der Eindruck geweckt, Männer stehen auf schrille, bunte und bizarr gemusterte Unterwäsche. Dem ist in Realität nicht so. Laut Aussage der führenden Kaufhausketten werden Leoparden-Unterhosen, durchsichtige Slips oder Boxershorts mit Elefantenrüssel überwiegend von älteren, dicken Heterosexuellen, die aus gutem Grund Single sind, gekauft. Stricher, Stripper und Go-go-Boys kaufen so was auch, aber da fällt das Ganze unter das Thema Berufsbekleidung. Ein echter schwuler Mann trägt schicke weiße Slips, wie sie Calvin Klein vor vielen Jahren in Mode gebracht hat, oder Boxershorts, wie sie bei knackigen Skatern aus den Jeans schauen.
Ganz furchtbar sind Schlüpfer, die durch eine ausgefeilte Mechanik die Schwanzbeule größer erscheinen lassen oder den Hintern straffer ziehen. Das ist Betrug am Endverbraucher. Echte Männer sind stolz auf ihren Schwanz, denn egal, wie groß er ist, seinem Träger macht das Teil garantiert immer Spaß, und wer damit anfängt, etwas anderes vorzutäuschen, als er in der Hose hat, endet nur mit einem ziemlich großen Komplex! Lass das also lieber sein!

DER MANN AN SICH

Mehr konkretes Wissen, um beim Smalltalk niemals um einen klugen Kommentar verlegen zu sein.

Plaudertasche
Männer sprechen durchschnittlich 25.000 Wörter am Tag, Frauen 30.000 – und trotzdem wird so viel mehr Kluges von Männern gesagt!

Stoppeln
Passend zum Modetrend »Vollbart« wird die Info veröffentlicht: Der durchschnittliche Mann hat ganze 25.000 Barthaare im Gesicht.

Recht hat er
45 Prozent aller Männer sind überzeugt davon, dass ihr Arbeitsplatz nicht gleichwertig mit einer Frau besetzt wäre.

Feuchtgebiete
Unglaubliche 15 Liter Schweiß verliert ein schwer arbeitender Erwachsener pro Tag. Hoffentlich hat er ein Deo dabei.

Heiße Luft
37 Grad – so warm ist der durchschnittliche Furz eines Mannes. Er bewegt sich mit einer Geschwindigkeit von knapp drei Metern pro Sekunde fort. Durchschnittlich passiert das ganze 14-mal am Tag – wahrscheinlich das eigentliche Problem der Ozonschicht.

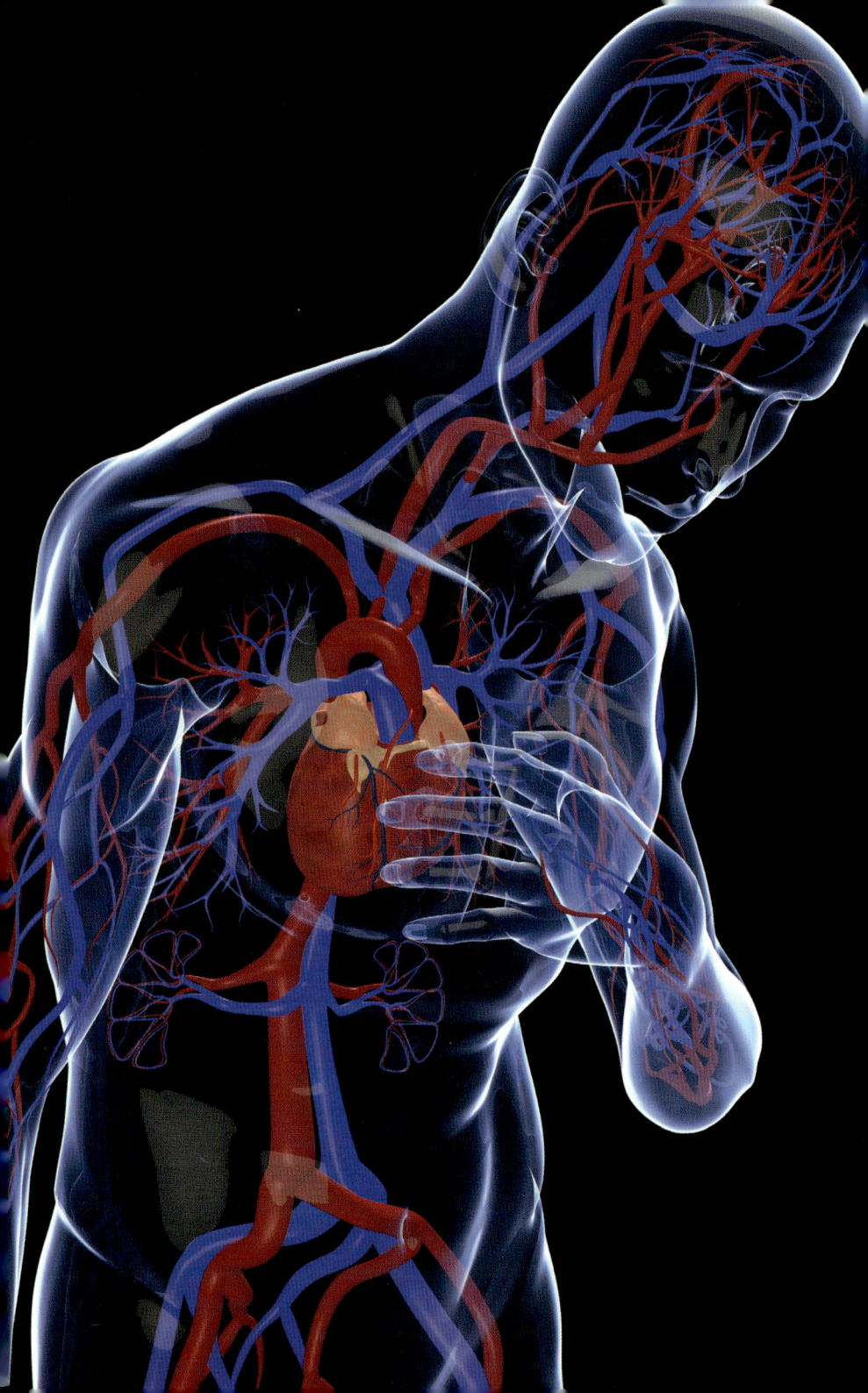

GESUNDHEIT – JETZT WIRD'S ERNST

M achen wir uns nichts vor. Das Leben ist nicht nur eine endlose Aneinanderreihung großartiger Events, eleganter Cocktailstunden und heftiger Sex-Dates. An jeder zweiten Ecke wartet nämlich schon irgendeine fiese Krankheit, um uns das schöne Leben zu erschweren. So ist die Todesursache Nummer 1 bei Männern immer noch Herz-Kreislauf-Erkrankungen, dicht gefolgt von unterschiedlichen Krebserkrankungen und jeder Menge unangenehmer Infektionen. Doch man muss sich dem rücksichtslosen Auswahlverfahren von Mutter Natur nicht hilflos ergeben. Durch regelmäßige Vorsorgeuntersuchungen erspart Mann sich einigen Ärger.

Schwule bedürfen leider etwas intensiverer Untersuchungen als ihre heterosexuellen Brüder. Das liegt vor allem an der eklatanten Durchseuchung der schwulen Community mit allen möglichen sexuell übertragbaren Krankheiten. Aber wer sonst beim Sex zu kurz kommt, sollte es positiv sehen. Denn so bekommt er wenigstens regelmäßig von dem Mann im weißen Kittel etwas in den Hintern gesteckt!

WELCHE VORSORGEUNTERSUCHUNGEN SOLLTE EIN SCHWULER MANN IN ANSPRUCH NEHMEN?

Immer

Die wichtigste Vorsorgeuntersuchung für jeden schwulen Mann beginnt mit seinem Eintritt ins sexuelle Geschehen – nämlich dem HIV-Test. Je nach Umtriebigkeit sollte dieser regelmäßig mehrmals im Jahr wiederholt werden. Man darf nie vergessen: Es reicht ein einziges Mal ungeschützter Sex, um sich zu infizieren.

Ab 25 Jahren

Schwule Männer sollten sich regelmäßig alle Lymphknotenstationen genau abtasten lassen, da manche schwer zu entdeckenden Geschlechtskrankheiten zu Schwellungen an ganz typischen Körperregionen führen. Es muss sich dann nicht unbedingt um eine gefährliche Erkrankung handeln, aber behandlungsbedürftig sind sie eigentlich alle. Gerade für schwule Männer empfiehlt sich diese Vorsorgeuntersuchung, da eine Menge bestimmter Krankheiten eben überwiegend in der Szene verbreitet sind.

Ebenfalls sollten schwule Männer sich jährlich den Analbereich untersuchen lassen. Dort findet man möglicherweise Feigwarzen, Verletzungen, Hämorriden und Analfissuren oder Entzündungen. Diese Untersuchung ist für die Beurteilung der körperlichen Gesundheit schwuler Männer unverzichtbar! Heteros brauchen diese Untersuchungen nur, wenn Probleme auftreten, da bei ihnen eher selten jemand mit der Rosette spielt – die armen Hunde.

Ab 35 Jahren

Alle zwei Jahre sollte man den so genannten Check-up-35 machen lassen, bei dem es das Ziel ist, Bluthochdruck, Herz-Kreislauf- und Stoffwechsel-Krankheiten rechtzeitig zu erkennen. Dies geschieht durch ein Risikoprofil und eine intensive körperliche Untersuchung sowie Tests von Blut und Urin anhand derer Nierenerkrankungen, bakterielle Infektionen, Diabetes und Mangelernährung festgestellt werden können.

Ebenfalls alle zwei Jahre liegt die Hautkrebs-Früherkennungsuntersuchung an. Da die Zahl der Betroffenen dramatisch ansteigt, sollte man sich dieser Prozedur unbedingt unterziehen. Dabei inspiziert der Arzt den kompletten Körper, von der Kopfhaut bis in die tiefste Hautfalte, auf verdächtige Anzeichen.

Ab 40 Jahren

Jetzt wird es Zeit, alle zwei Jahre den Zustand der Augen und das Risiko für Herzinfarkt zu überprüfen.

Ab 45 Jahren

Lebensrettend kann die jährliche Krebsfrüherkennung sein, die jetzt anliegt. Dabei werden die äußeren Geschlechtsorgane, die Prostata und die regionären Lymphknoten intensiv untersucht.

Ab 50 Jahren

Nun geht's jedes Jahr zur Darmkrebsvorsorge. Dabei kann man entweder den Darm gleich real oder erst virtuell spiegeln lassen. Ebenfalls wird der Stuhl auf verborgenes Blut untersucht.

Ab 60 Jahren

Zu guter Letzt gehört im fortgeschrittenen Alter unbedingt die regelmäßige Untersuchung auf Osteoporose zum festen Untersuchungsplan.

Und was noch?

Übrigens gehört zur Vorsorge auch, regelmäßig zum Zahnarzt zu gehen, damit das Lächeln immer verführerisch bleibt.

Hat man außerdem ab und zu das Gefühl, nicht ganz fit oder etwas depressiv zu sein oder dass die Manneskraft nachlässt, dann kann eine Testosteronuntersuchung hilfreich sein. Manchmal ist man damit einfach etwas unterversorgt und fühlt sich nach einer kleinen Extraportion des Männlichkeitshormons wieder sensationell fit.

Impfungen

Über die Grundimmunisierung lasse ich mich hier jetzt nicht aus. Die sollte man sowieso haben. Bei Ungewissheit dringend mal mit dem Arzt sprechen. Unerlässlich für schwule Jungs sind die Impfungen gegen Hepatitis und Pneumokokken. Unbedingt ratsam ist auch die Impfung gegen HPV, dem Humanen Papillomavirus. Damit ist die schwule Szene nämlich zu gut 90 Prozent durchseucht, und trotzdem kennt es kaum keiner. HPV verursacht Feigwarzen und im Extremfall Peniskrebs. Das Problem mit der Impfung ist allerdings, dass es nur bei ganz jungen Männern schützt, also vor dem ersten Sex. Ist man einmal mit dem Virus infiziert, schützt die Impfung aber wenigstens vor einer Re-Infizierung.

Abspritzen ist gesund

Gut zu wissen: Abspritzen ist gesund! Mindestens fünfmal die Woche sollte ein Mann eine Ejakulation haben. Denn beim Abspritzen werden kontinuierlich die Prostata, Samenblasen und Harnröhre durchgespült und damit schädliche Stoffe entfernt. Bei einer Großstudie wurde wissenschaftlich belegt, dass derjenige, der 21-mal im Monat ejakuliert, um ein Drittel seltener Prostatakrebs bekommt als Männer, die nur vier- bis siebenmal im Monat einen Samenerguss haben.

Aber auch gefickt zu werden, ist gesund. Denn es hilft gegen Prostatakrebs.

Zwar gibt es keine handfesten Untersuchungen dazu (wer würde die auch finanzieren?), aber es ist eine gängige Überzeugung unter Proktologen, dass wer regelmäßig in den Hintern gefickt wird, seltener Prostataerkrankungen erleidet. Erklärt wird das dadurch, dass man bei Prostataentzündung dem Patienten neben Sitzbädern auch direkte oder indirekte Prostatamassagen empfiehlt, da sich dieser dabei entspannt und beruhigt. Und genau das passiert ja beim Analverkehr – da wird die Prostata nämlich richtig ordentlich massiert, und es können sich keine Entzündungen festsetzen oder ausbreiten.

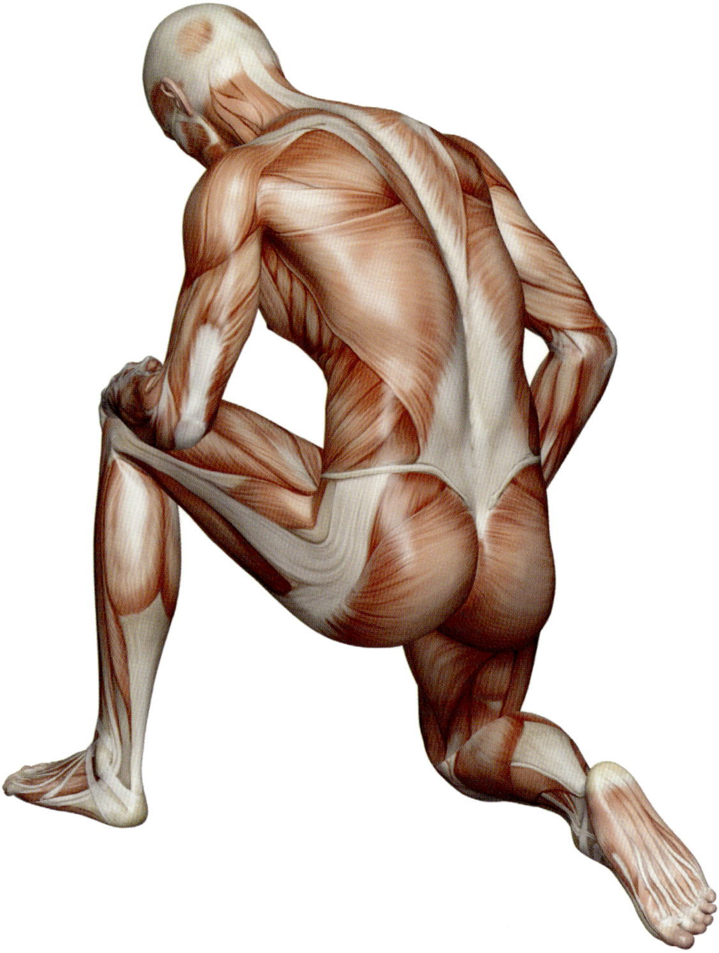

BEAUTY QUEEN

Schwule waren schon immer etwas mehr auf ihr Aussehen bedacht als Heteros und haben dabei den einen oder anderen Beauty-Trend losgetreten.

Inzwischen hat sich das Wissen um den Erfolg durch gutes Aussehen in der gesamten Männerwelt rumgesprochen, und Homos haben nicht mehr automatisch einen Vorteil, wenn es beispielsweise um ein Bewerbungsgespräch geht. So sind 64 Prozent der deutschen Männer davon überzeugt, dass man als erfolgreicher wahrgenommen wird, wenn man auf seine Erscheinung achtet. Und tatsächlich ist man das auch, denn Attraktivität wird belohnt – inzwischen sogar wissenschaftlich belegt. Dass man im Wettrennen um das Herz eines sexy Kerls mit einem gepflegten Auftreten in der Regel ebenfalls erfolgreicher ist als im siffigen Penner-Look, versteht sich wohl von selbst. Damit meine ich aber nicht den hysterisch überpflegten metrosexuellen Mann. Das war nur eine vorübergehende Modeerscheinung, ausgelöst von einem ziemlich geilen Fußballspieler. Seit die meisten Kerle allerdings merken, dass auch stundenlanges Stylen und Zupfen einen Vorstadtproll nicht in einen Beckham-Doppelgänger verwandelt, ebbt diese Welle auch wieder ab.

Es gilt: Gute Männerpflege ist nie aufdringlich! Es geht immer nur darum, das Beste aus seinem eigenen Typ zu machen, seine Qualitäten in den Vordergrund zu stellen. Nicht darum, eine andere Identität durch Kosmetik anzunehmen.

Du musst dich wohlfühlen in deinem Körper und mit der Pflege, die du ihm zukommen lässt.

Du musst Spaß an der Sache haben! Denn wer mehr Zeit vor dem Spiegel verbringt als bei der Arbeit, bei dem verfliegt das Interesse an der richtigen Pflege ganz schnell.

Deshalb gibt es auf den folgenden Seiten einige handfeste Tipps, damit Mann optisch besser in Form kommt, und zwar nach seinen ganz individuellen Vorstellungen. Probier dich einfach aus. Finde heraus, was dir liegt und was nicht. Aber eins geht gar nicht: Haare, die aus der Nase und den Ohren wachsen, *müssen* entfernt werden. Egal wie!

Ich gebe nun seit einigen Jahren Beauty-Tipps für Männer in diversen Zeitschriften. Dabei habe ich ziemlich schnell gemerkt, dass die Industrie uns Jungs gern jede Menge Quatsch andrehen möchte, damit wir uns schöner fühlen. Ich kann nur sagen: Fallt nicht auf die gleiche Masche rein, wie die Mädels es seit Jahren tun! Wie gesagt, Pflege ist gut, aber nur solange *du* dich damit wohlfühlst. Bleib bei allem, was du tust, natürlich. Männer sollen immer noch so aussehen wie Männer – und nicht wie Damenimitatoren!

WARUM ABER KÖNNEN MÄNNER NICHT EINFACH DIE GLEICHEN CREMES NEHMEN WIE FRAUEN?

Können sie schon, und manchmal ist das sogar gut so. Denn oft werden bestimmte Produkte für Herren verkauft, obwohl es sich um das Gleiche wie für Frauen handelt, nur etwas teurer und mit einem stärkeren Duft versehen. Darauf kann man gut und gerne verzichten (ich glaube, es versteht jeder, warum ich hier jetzt keine Produktnamen nennen kann …)

In der Regel aber brauchen Männer tatsächlich eine spezielle Pflege. Denn ihre Haut ist anders als die von Frauen. Sie ist dicker und fettiger. Zusätzlich ist unsere Haut durch die regelmäßige Rasur wesentlich stärker strapaziert und so anfälliger für Unreinheiten und Akne. Dafür ist das männliche Bindegewebe und die Muskulatur stärker, und Feuchtigkeit wird besser gehalten. Dadurch bekommen Männer Falten erst viel später – und dann auch weniger. Blöderweise haben Männer aber ein höheres Hautkrebsrisiko als Frauen. Nach einer aktuellen Studie erkranken Männer dreimal häufiger daran, weil die Haut weniger Antioxidantien aufweist. Deshalb ist guter Sonnenschutz und eine Pflege mit freien Radikalen unerlässlich – und zwar nicht nur im Urlaub.

P.S.: Übrigens: Oft wird ja behauptet, billige Cremes seien genauso gut oder sogar besser als die Luxusprodukte. Dem muss ich mal kurz widersprechen. Denn manchmal haben die teuren Cremes sehr wohl Erfolg – ich zum Beispiel fühle mich nach dem Gebrauch einer Luxuskosmetik definitiv schöner und gepflegter als nach dem lustlosen Geschmiere mit einer Billigpaste. Der Placebo-Effekt wirkt eben nicht nur in der Medizin. Wer es sich also bedenkenlos leisten kann …

DETOX – DER INNERE FRÜHJAHRSPUTZ

Der Weg zum schöneren Mann ist kein leichter.

Das Schwerste ist zweifellos, den eigenen Hintern erstmal hochzukriegen und zu erkennen, es ist Zeit für eine echte Generalsanierung! Wenn man aber immer öfter von guten Freunden zu hören bekommt: »Mann, du siehst aber wirklich fertig/krank/überarbeitet/kacke aus!«, dann ist es höchste Zeit, ein Beauty-Notfall-Seminar zu belegen.

Unreine, fahle Haut, Augenringe, aufgequollene Tränensäcke und tief hängende Wangen – eigentlich ab dem Moment, da man schlechter aussieht als Angela Merkel an einem guten Tag, da muss Mann tätig werden.

Die offizielle Erklärung für das miese Aussehen: Unsere Haut scheidet Schadstoffe, die wir aufnehmen, zum Teil wieder über die Haut aus – entsprechend wird der Teint fahl und grau. Irgendwann rächen sich eben nächtelange Touren durch die Clubs, die literweise getrunkenen hochprozentigen Drinks und die regelmäßigen Abstecher zum Fast Food morgens um sieben!

DETOX – DIE SCHRECKLICHE WAHRHEIT

Bevor man nun in die nächste Drogerie rennt, ein Heidengeld für schäbige Kosmetika ausgibt und sie dann erfolglos auf das Gammelfleisch am eigenen Körper schmiert, sollte man einen ordentlichen Ego-Hausputz machen. Schrubber und Besen bleiben aber stehen, denn »Detox« heißt nichts anderes als »entgiften« – und zwar den eigenen Körper, sein eigenes System befreien von Schadstoffen, Schlacken und all den widerlichen Sachen, die sich im Lauf der Jahre so in den Zellen festgesetzt haben. Empfehlenswert ist ein Detox eigentlich am Anfang eines Jahres nach den ungesunden Feiertagen am Ende des letzten. So startet man besser durch mit neuer Frische und Energie.

Detox ist aber auch eine prima Möglichkeit, um unter der Woche den ganzen Giftmüll vom Wochenende loszuwerden und dann wieder frisch und schön fürs nächste zu sein; es kann effektiv all den Stress von langen, koffeingeladenen Bürotagen aus dem von Pickeln und grauer Haut gezeichneten Leib waschen.

Der englische Professor Sir Colin Berry hat ein wunderbares Motto bezüglich Detox: »Es ist ganz leicht zu entgiften: Lassen Sie einfach Ihren Körper die großartigen Systeme nutzen, die er über Tausende von Jahren entwickelt hat, um alles loszuwerden, was ihn krank macht«.

Klingt doch super!

Ganz so einfach ist es dann aber doch nicht. Denn unser Körper verfügt zwar über jede Menge toller Fähigkeiten, sich selbst zu entgiften, aber im Laufe der Jahre verlernt er, diese Werkzeuge einzusetzen. Also gehen wir unserem Körper beim Detox etwas zur Hand!

Vorsicht vor Detox online

Googelt man »Detox«, stößt man auf allerhand lustige und unnötige Produkte. Mein Favorit ist die Ramsch-DVD: »10 Tage Detox mit Kim Wilde«! Kim Wilde? Um Gottes Willen, das kleine, schwabbelige Popsternchen mit den großen Poren ist nun wahrlich keine Empfehlung für irgendwas – außer vielleicht für frittierte Schokoriegel. Auch wenn die Rezension »10 Tage im Himmel mit Kim« verspricht und ein gewisser »Spartak« aus New York sich auf Amazon über ihren »gourgous body« und die »unbelievsable jurny« mit ihr ausläst: Rechtschreibung scheint auf dieser Reise auf jeden Fall nicht viel zu zählen. Ich bin mir sicher, es tut Körper und Geist wesentlich besser, einfach mal »Kids in America« aufzulegen und durch die Wohnung zu rocken!

Im Internet findet man auch lustige Tests, durch die man herausfinden kann, ob man nicht längst ein Fall für »Detox« ist. Fragen wie:

- Fühlen Sie sich oft schon am Morgen müde und ausgelaugt?
- Schlägt Ihnen das Essen manchmal auf den Magen?
- Haben Sie manchmal Verdauungsprobleme?
- Geraten Sie beim Treppensteigen leicht außer Atem?
- Sind Sie oft reizbar und nervös?
- Leiden Sie häufig unter Kopfschmerzen?
- Haben Sie Ringe unter den Augen?

Klar, dass man bei einer halbwegs normalen Lebensführung beinahe jede Frage mit Ja beantworten kann. Im Anschluss an solche Tests werden dann gerne mysteriöse Fußpflaster angeboten, die acht Stunden am Tag alle möglichen Gifte durch die Hornhaut saugen. Oder auch die unheimlichen »Liv52«-Tabletten, die (Achtung: Zitat) »leistungsfähiges, alles natürliche, die detoxifier Leber und Heiler.«

Bitte, was???

Es scheint fast so, als ob Detox zu schweren Sprachstörungen führt.

Aber nicht nur DVDs und merkwürdige Wellness-Fakes, sondern auch allerlei Produkte des Alltags werden inzwischen versucht, unter dem Stichwort »Detox« an den Mann zu bringen. Die meisten davon sind natürlich vollkommener Unsinn.

Das Einzige, was einer Zelle wirklich hilft, um auf molekularer Ebene Gifte zu entfernen, sind sogenannte Radikalfänger! Deshalb sowohl bei Detox wie auch bei allen anderen Versprechen der Kosmetikindustrie: Augen auf, nachgefragt und nachgedacht!

Achtung Werbemythos

Jetzt ist jedoch ein guter Zeitpunkt, erst mal mit einem alten Kosmetikmythos aufzuräumen: Wenn die Werbung verspricht, ein Produkt dringt tief in die untersten Hautschichten ein, ist das eine Lüge. *Alle* frei erhältlichen Kosmetika bleiben an der Hautoberfläche. Dort können sie zwar viel Gutes bewirken, aber um echte Falten zu beseitigen, im Inneren des Körpers zu wirken oder ähnliche Versprechen zu verwirklichen, müsste ein Produkt so tief eindringen, wie es nur Medikamente dürfen. Entsprechend gibt es Beauty-Produkte, die tatsächlich die tiefen Strukturen der Haut verändern und damit Falten beseitigen können, immer nur vom Arzt auf Rezept.

Aber eine echte, bewiesen wirkungsvolle Methode, um dem Körper zu helfen, Schadstoffe auszuspülen, ist lachen. Also erreicht die Werbeindustrie doch irgendwie ihr Ziel, denn, wer muss nicht lachen bei dem Gedanken an die armen Jungs, die ihre letzten Euros in die Drogerie um die Ecke tragen, im Glauben, mit Produkten von dort die gleiche Wirkung wie Botox oder Hyaloronsäure zu erreichen.

Wie geht Detox denn nun?

Vor allem erfordert Detox jede Menge Disziplin, denn das tägliche Leben wird komplett umgekrempelt.

Zuerst sollte man einen Zeitraum festlegen, in dem man »detoxen« will. 10 Tage ist ein guter Richtwert für intensives Entgiften. Dann heißt es, die Zufuhr der täglichen Gifte zurückschrauben. Das geht am besten, indem man alle Speisen möglichst nach dem »Bio-Aspekt« kauft: also keine künstlichen Aromen, keine Geschmacksverstärker und Konservierungsstoffe mehr zu sich nimmt.

Statt Kaffee oder schwarzem Tee gibt es ab jetzt nur noch Bio-Fruchtsaft oder Wasser – viel Wasser! Besonders nach größeren Gelagen ist oberste Priorität, genügend Flüssigkeit zu sich zu nehmen. Denn die schwemmen die

Giftstoffe regelrecht aus dem Körper. Sehr gut hilft dafür auch eine simple Hühnerbrühe oder eine hausgemachte Mischung aus Mate-Tee, Grünem Tee und Zitronengras. Dieses Gebräu gibt es unter dem Namen Kusmi-Tee übrigens auch zu kaufen.

Verzichten sollte man auf alle »Light«-Produkte. Denn entweder ist Zucker durch einen fiesen Ersatzstoff ausgewechselt, der dem Körper mehr Schaden als Nutzen zufügt, oder dem Organismus wird geschmacklich vorgegaukelt, er bekomme eine fette Speise, die dann aber meist aus übermäßiger Wassereinlagerung besteht und so eine ziemlich ungesunde Reaktion hervorruft. Also leichtes Essen, weil es von Natur aus leicht ist, nicht weil ein Chemiker es »light« gemacht hat. Viel Obst und Gemüse sollte auf dem Speiseplan stehen, besonders Mango, weil es den Darm beruhigt, Erdbeeren wegen des hohen Vitamin-C-Gehalts, ebenso wie die gute alte Paprika; auch Avocado und jede Menge Zitrusfrüchte sollten auf dem Speiseplan stehen.

Fleisch dagegen sollte erst mal nicht mehr gefuttert werden, ebenso wenig wie die meisten Süßigkeiten, die ja sowieso tabu sind. Auch alles aus der Tiefkühltruhe oder der Dose soll da schön bleiben und nicht in den Magen wandern.

Nimmt man es richtig ernst mit dem Entgiften, dann verzichtet man gleich ganz aufs Essen. Neumodisch nennt sich dass dann »Dinner Canceling«. Und da wird auch schon klar, was Detox eigentlich ist. Früher hieß das Ganze nämlich einfach »fasten« und hatte ein furchtbar schäbiges Öko-Image. Was so ein geschickter Namenswechsel doch für eine tolle PR sein kann ...

Das Tolle an Detox allerdings ist, dass sich schon eine kleine Umstellung fast augenblicklich bemerkbar macht – durch sensationellen Stuhlgang und erheblich mehr Energie.

Der Feind in meinem Heim

Aber nicht nur die Nahrungszufuhr ist ein wahrer Giftquell. Auch das eigene Heim ist oft ungesünder, als man denkt. So hat manch einer, ohne es zu wissen, echte Killermöbel zu Hause. Denn im Pressspan vieler Billig-Regale lauern ungesunde Substanzen wie Formaldehyd, die im Lauf der Jahre »ausdampfen« und sich in den Zellen ablagern. Lieber in Vollholz investieren – oder eben ganz genau nachfragen, was denn nun im Möbel der Begierde alles verarbeitet ist.

Das Gleiche gilt übrigens auch für Farben und Lacke an den Wänden, Teppichböden und Laminat: All diese Sachen müssen unbedingt schadstofffrei sein, um seinen Körper nicht langsam, aber sicher zu vergiften. Deshalb bei

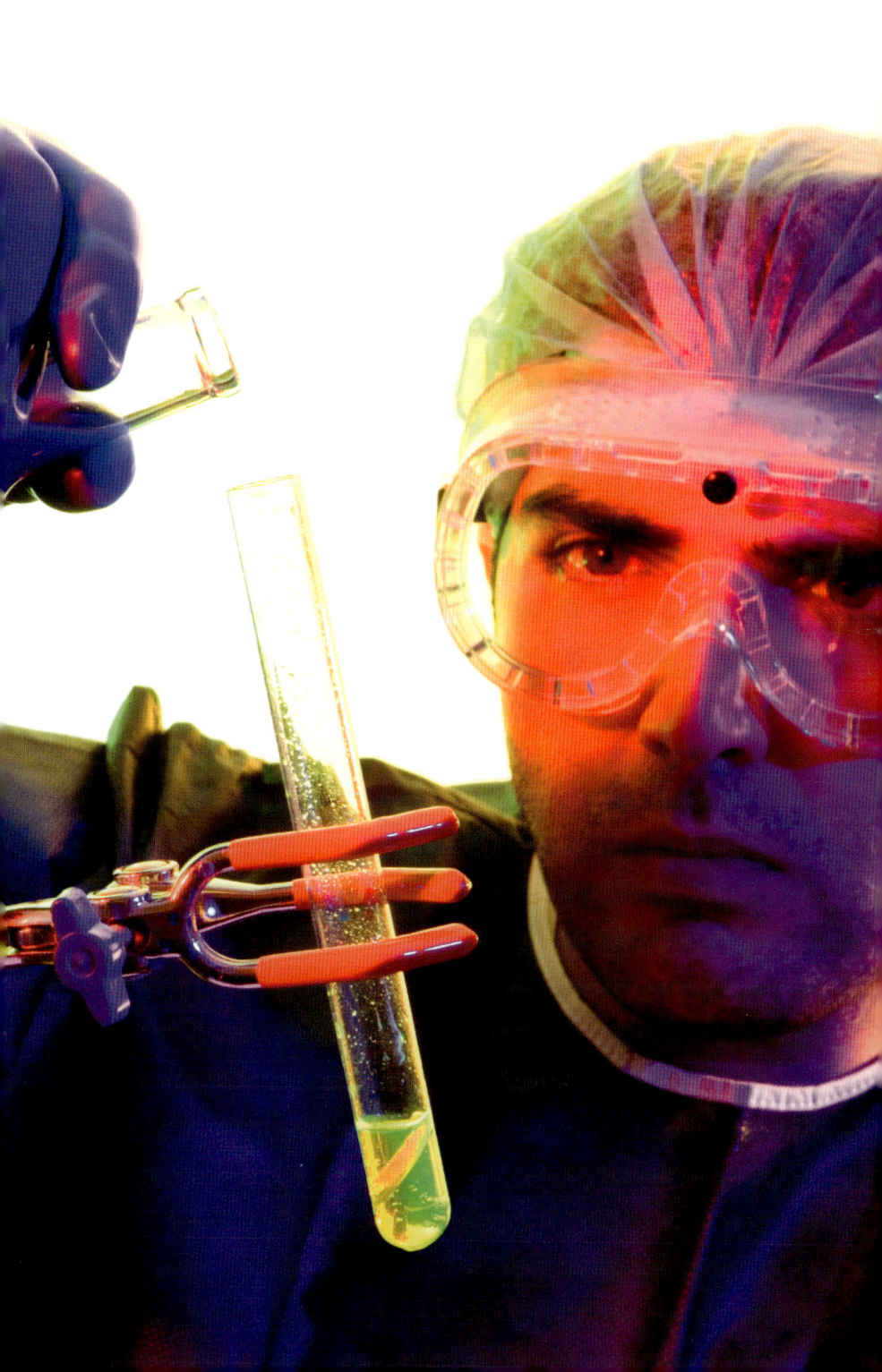

Wandfarbe trotz des teureren Preises unbedingt zu Biofarbe greifen, ansonsten dunsten Wände ein Leben lang Chemikalien in die Zimmer.

In feuchten Ecken oder an solchen Wänden siedeln sich gern Pilze an, die Allergien oder sogar Krebs verursachen. Also immer schön für gute Lüftung sorgen, auch wenn man es vielleicht bevorzugt, dass die eigene Bärenhöhle auch wie eine riecht. Und für alle Natursekt-Liebhaber: Nach einer heftigen Piss-Party immer dafür sorgen, dass selbst die dunkelsten Ecken wieder schön trockengelegt werden!

Ebenfalls hochgiftig ist der sogenannte Elektrosmog. Das sind die Strahlen, die von allen elektrischen Geräten ausgehen. Sie wirken negativ auf das Schlafverhalten, machen nervös und bei besonderer Empfindlichkeit regelrecht krank. Vor allem das Schlafzimmer sollte frei von elektrischen Geräten sein. Also keinen Fernseher vor dem Bett, und den Laptop vor der Tür lassen. Dass das Handy im Schlafbereich nichts verloren hat, dürfte auch jedem klar sein.

All diese Veränderungen sorgen dafür, dass sich weniger bis gar keine Schadstoffe und Umweltgifte in unseren Zellen festsetzen. Als hervorragendes Gegenmittel wirken übrigens bestimmte Pflanzen. Da hilft Mutter Natur ganz selbstlos beim Detox. Also nix wie rein in die gute Stube mit Birkenfeige, Drachenbaum oder Philodendron – das sind echte Gift-Filter.

Fit macht frisch

Selbstverständlich gehört auch die richtige Bewegung zum Detox. Richtigen Hochleistungssport wird man wegen der mangelnden Zufuhr an energiereichen Speisen eher nicht betreiben können. Aber leichtes Laufen an der frischen Luft ist schon mal ein guter Anfang. Und wer es lieber mit Rentnern im Park treibt, der kann sich auch die Stöcke umschnallen und mit Nordic Walking beginnen. Sauerstoff und Bewegung regen nämlich den Stoffwechsel an und transportieren so die Gifte schneller aus dem Blut.

Viel besser – aber leider ziemlich unmännlich – ist Yoga. Da gibt es sogar ein spezielles »Detox-Yoga«. Recht einfache Übungen, die die Durchblutung der Leber und den dazugehörigen Stoffwechsel anregen. Dabei wird das Blut aus den Muskeln und den inneren Organen regelrecht herausgepresst. Und das alles mit Übungen wie der »Zange«, dem »Halben Drehsitz« oder dem »Schulterstand«, welche Nieren, Bauchspeicheldrüse, Darm, Leber und Milz anregen. Besonders beliebt ist auch der morgendliche »Sonnengruß« – aber, wenn ich ehrlich bin, geht meine persönliche Laune beim Detoxing besonders

am Morgen gen Gefrierpunkt, und da möchte ich niemanden grüßen – auch die liebe Sonne nicht.

Optimierung

Wem das alles noch nicht genug ist, der kann sich zusätzlich noch in der Sauna die Schlacken aus dem Körper schwitzen und durch Massagen den Entgiftungsprozess des Körpers stimulieren lassen.

Was bleibt zu sagen? Die entgiftende Lebensumstellung wirkt sich tatsächlich positiv aus, macht frischer und entspannter, sodass nach diesem körpereigenen Hausputz nun die restliche Optimierung stattfinden kann. Damit jeder Mann auch äußerlich so geil wird, wie er von Natur aus eigentlich eh schon ist …

PEELING – NEUE SCHALE, NEUER KERN

Ist das Innere nach einem Detox einigermaßen gereinigt, wird es Zeit, das Äußere anzupassen!

Es kommt schließlich der Tag im Leben eines Mannes, da merkt er beim Blick in den Spiegel: *jetzt* wird es Zeit, in den Krieg gegen das Altern zu ziehen!

Partys, Stress, Zigaretten und Alkohol – all das hinterlässt tiefe Spuren, und die Haut hängt schlaff im Gesicht. Doch nicht nur die ausufernde Lebensführung macht sich mit fahler, unschöner Haut bemerkbar. Auch zu viel Sonne oder Kälte lassen sie schneller altern. Durch all diese Einflüsse verliert die Haut die Fähigkeit, sich zu regenerieren; alte Hautzellen lösen sich nicht mehr ordentlich ab, um Platz für frische, strahlende Haut zu machen. Dazu kommen vielleicht erste fiese Altersflecken, und schon ist jede jugendliche Erotik dahin. Dabei kann man mit guter Pflege ziemlich viel erreichen, um den Spuren des Alltags Einhalt zu gebieten. Doch Grundlage für durchschlagenden Erfolg ist, dass zuerst die alte Pelle runterkommt – und zwar mit einem ordentlichen Peeling!

Doch Peeling ist nicht gleich Peeling! Es gibt Produkte für jeden Hauttyp von unzähligen Anbietern zu kaufen, es gibt medizinische Peelings beim Hautarzt, und es gibt die Alternative für alle Handwerker, die sich ihre Wundercremes lieber selber anrühren. Für welches Peeling man sich entscheidet, hängt vor allem von der eigenen Vorliebe, dem Geldbeutel und des zu beseitigenden Schadens ab.

Welche Peelings gibt es?

Das Otto-Normalverbraucher-Peeling

Peelings gibt es in so ziemlich jedem Fachhandel für jeden Anspruch und Geldbeutel. Zuerst sollte man aber vom Hautarzt den eigenen Hauttyp bestimmen lassen. Dann geht es ab in ein gutes Geschäft, und die passende Paste wird gekauft. Nach der Gebrauchsanweisung anwenden und in kürzester Zeit das frische Ebenbild im Spiegel bewundern! Die frei erhältlichen Peelings arbeiten in der Regel mit mehr oder weniger feinen Schleifpartikeln oder Enzymen, die alte Zellen ablösen. Man muss allerdings wirklich ein paar Produkte ausprobieren, um das passende für sich zu finden. Persönlich empfehle ich sehr feine Schleifpartikel in einem Peeling, da sie nach meiner Erfahrung erheblich effektiver sind als die grobkörnigen Stückchen in vielen Billigprodukten. Wirkung zeigen sie aber eigentlich alle, eben mehr oder weniger. Hat man das richtige Produkt für den eigenen Hauttyp gefunden, rutscht man tatsächlich vom realen Alter von 40 Jahren auf geschätzte Mitte 30 – zumindest ist das meine persönliche Erfahrung.

Professionelle Peelings

Um effektiv das eigene Gesicht einer noch dramatischeren Verjüngungskur zu unterziehen, bedarf es professioneller Hilfe. Schönheitsinstitute und Chirurgen halten hierfür diverse Anwendungen bereit, die ein unterschiedlich starkes Ergebnis erzielen: Bei der Mikrodermabrasion wird die Haut durch eine Düse angesaugt und gleichzeitig mit feinsten Mikrokristallen wie bei einem Sandstrahler abgeschmirgelt. So werden alte Gesichtsfetzen weggeblasen, damit darunter frische Haut zum Vorschein kommen kann. Ideal bei fahler oder müder Haut oder bei großen Poren. Die Behandlung ist schmerzlos, das Gesicht anschließend lediglich leicht gerötet, und nach wenigen Stunden kann man wieder ohne offensichtliche Behandlungsspuren unter die Leute gehen.

Andere Peelings

Etwas intensiver ist das sogenannte »Business Peeling«. Dabei werden über mehrere Wochen mit diversen Flüssigkeiten feine Schichten der Gesichtshaut abgetragen. Das klingt erst mal brutal, ist aber eine der unauffälligsten Peelingmethoden, da durch die relativ sanfte Behandlung keine Spuren zurückbleiben. Der Nachteil ist, dass dieses Peeling enorm zeitaufwendig ist. Allein

die Vorbereitung kann bis zu 6 Wochen dauern. Dafür ist die Veränderung auch nicht so plötzlich – die Verjüngung findet wie ein natürlicher Prozess statt. Am Ende steht auf jeden Fall ein frischer ebenmäßiger Look, der lange erhalten bleibt.

Für alle, die nicht so viel Zeit haben, aber schnell Ergebnisse sehen wollen, gibt es das »mitteltiefe Peeling«. Dabei ätzen aggressive Substanzen die oberste Hautschicht weg. Durch diesen Prozess kann man sich danach einige Tage nicht auf der Straße blicken lassen, wenn man nicht für Verkehrsunfälle und weinende Kinder haftbar gemacht werden möchte. Am Tag nach der Behandlung beginnt sich die Haut nämlich zu spannen, verfärbt sich nach 2 bis 3 Tagen dunkel – und blättert dann ab. Das Ganze sieht genauso grausig aus, wie es klingt. Hat man die Zombie-Phase aber überstanden, ist man »wie neu«!

Wer sich von seinem alten »Ich« gründlich verabschieden will, dem hilft das »tiefe Peeling« – ein schmerzhafter Eingriff, der die Gesichtshaut bis zum Bindegewebe abträgt. Nach der Behandlung könnte man erst mal prima in jedem Horrorfilm mitspielen. Anzuraten ist so ein Eingriff wirklich nur bei schweren Hautproblemen oder akutem Jugendwahn. Denn ein normales Leben ist danach kaum noch möglich. Nicht nur, dass die nachwachsende Haut oft wächsern und unecht wirkt, jegliche Sonnebestrahlung ist danach für immer zu vermeiden. Ob es sich lohnt, bis ins hohe Alter mit dicker Gesichtscreme und riesigem Sonnenhut am Strand zu sitzen, nur um ein unnatürlich glatt gespanntes Gesicht zu haben, das wirkt, als hätte man die Ohren im Schraubstock eingeklemmt, ist mehr als fraglich.

Do-it-yourself

Zurück zu angenehmeren Methoden, wie man das Alter aus dem Gesicht rubbeln kann! Eigentlich bin ich kein Freund selbstgemachter Kosmetik, aber bei Peelings mache ich eine Ausnahme. Die sind einfach herzustellen, hervorragend in der Wirkung, meist richtig lecker und ohne jeden chemischen Zusatz.

Einfach und effektiv ist es, Rohrzucker mit Olivenöl zu einer dicken Paste zu mischen. Das Ganze mit kreisenden Bewegungen in die Haut massieren, kurz einwirken lassen, dann mit viel warmem Wasser abwaschen und das Ergebnis bewundern.

Ebenfalls lecker ist es, Honig und Quark mit viel Zucker zu einer cremigen Masse zu verrühren. Diese Masse rauf aufs Gesicht, einmassieren und ein paar

Minuten einwirken lassen. Durch Honig und Quark bekommt die Haut nämlich neue Spannkraft und Feuchtigkeit. Danach alles abwaschen und wieder jugendlich strahlen.

Glatt und geschmeidig wird das Gesicht mit dieser exotischen Fruchtmaske: Eine Banane zerdrücken, ein Viertel pürierte Papaya dazu und mit zwei Esslöffel Zucker mischen. Sanft einmassieren, einwirken lassen, natürlich wieder abwaschen, und schon strahlt man wie ein junges Früchtchen.

Knutschgeile Lippen kann man sich mit einem speziellen Lippenpeeling kreieren. Denn wer küsst schon gerne aufgesprungene, verkrustete Lippen? Dazu einfach etwas Olivenöl mit Salz zu einem Brei vermischen und mit dieser Masse vorsichtig die Lippen massieren bis sie zu kribbeln beginnen. Dann das Ganze mit einem sanften Tuch abwischen und noch etwas Pflegecreme auf die Lippen. Nicht nur, dass ein gepflegter Mund viel leckerer ist als ein ungepflegter, nein, die Lippen werden durch den angeregten Blutkreislauf sogar größer. Bis zu Angelina-Jolie-Größe wird man aber wohl lang und viel rubbeln müssen.

Was dem Gesicht hilft, kann dem Rest des Körpers nur recht sein. Vom Hals bis zu den Zehen sollte er regelmäßig von alten Hautschuppen befreit werden. So wirkt man auch im Adamskostüm ein ordentliches Quäntchen jünger.

Dafür greife ich zu einem Rezept mit Kaffeebohnen, das angeblich auch die alte Kratzbürste Naomi Campbell benutzt. Zuerst wird der ganze Körper mit Öl massiert. Danach eine Paste aus Kaffeegranulat oder fünf Esslöffel frisch abgebrühtes Kaffeepulver nehmen, und in die Haut einreiben. Das Ganze dann mit viel Wasser abspülen! So wird die Haut belebt, porentief gereinigt und glänzt wieder zart rosa wie die eines kleinen Ferkels. Das Beste aber, Koffein kurbelt ganz nebenbei noch den Fettabbau des Körpers an. Schön und schlank mit einem Peeling – was will man mehr?

WELCHE PFLEGE BRAUCHT EIN MANN?

Wir sind uns wohl einig, tägliche Pflege ist auch für Männer inzwischen Pflicht. Deshalb gehe ich nicht ins Detail darüber, was alles als selbstverständlich betrachtet werden sollte. Aber zum Check des eigenen täglichen Pflegerituals, hier die Badezimmer-Top-Ten:

10 Zahnpasta und Zahnbürste! Eigentlich selbstverständlich, aber erschreckenderweise verzichtet jeder siebte deutsche Mann abends auf die Zahnreinigung. Morgens lässt sie sogar jeder fünfte regelmäßig ausfallen. Pfui Spinne!

TOP TEN BADEZIMMER CHECK

9 Ein mildes, ph-neutrales Waschgel, um sich regelmäßig das Gesicht schonend zu waschen. Natürlich ebenso wichtig ist ein rückfettendes Dusch- oder Badeprodukt, damit auch der Rest des Körpers herrlich porentief rein wird.

8 Deodorant! Gut, ich weiß, es gibt eine große Fraktion in der schwulen Welt, die auf Schweiß steht. Macht das aber bitte unter euch aus. Im Alltag zwischen wildfremden Menschen grenzt es an olfaktorischer Vergewaltigung, wie die Dünste von so manchem Kerl unter den Achseln hervorströmen. Ich mag euch nicht riechen und ganz, ganz viele andere Menschen auch nicht. Es gibt schließlich auch parfümfreie Deos!

7 Täglich eine gute Feuchtigkeitscreme für das Gesicht ist ebenfalls unverzichtbar. Sie soll die Haut mit all dem unterstützen, was sie braucht, um möglichst lange straff zu bleiben. Unbedingt sollte ein UV-Lichtschutzfilter in der Creme sein, denn kaum etwas lässt die Haut so schnell altern wie zu viel ungeschützte Sonnenbestrahlung. Wer sich was Gutes tun will, nimmt ein Produkt, das einen Anti-Age-Komplex enthält.

6 Eine gute Augencreme gehört natürlich auch zur täglichen Routine. Warum? Das steht im entsprechenden Kapitel.

5 Damit nicht nur das Gesicht schön lecker bleibt, sollte man regelmäßig nach dem Duschen oder Baden eine Bodylotion benutzen. Am besten die Pflege in die noch feuchte Haut cremen.

4 Ein gepflegter Mann braucht auf jeden Fall alle nötigen Utensilien zur Fingernagelpflege in seinem Bad. Details dazu im entsprechenden Kapitel.

3 Unverzichtbar in jeden guten Haushalt ist auch ein Abdeckstift für plötzlich auftauchende Pickel. Er sollte mit einer natürlichen Farbe gut abdecken, dabei nicht austrocknen und bröckelig werden, aber auf jeden Fall die Entzündung desinfizieren.

2 Jeder Mann braucht wirklich gutes Rasierzeug. Das wären ein hautfreundliches Rasiergel, ein alkohol- und parfümfreies Aftershave und einen guten Nassrasierer – je mehr Klingen der hat, umso besser.

Beauty Queen

> **1** Um dem gepflegten Mann das i-Tüpfelchen aufzusetzen, braucht er einen guten, für sich passenden Duft. Wie man den findet, steht ausführlich im entsprechenden Kapitel.

DIE GLATZE – GLATTER IST GEILER

Mal ist sie »in«, dann wieder »out« – sexy aber ist sie immer: die Glatze! Ich persönlich trage die »Fleischmütze« schon seit ich 16 bin und war damit schon mindestens fünfmal voll im Trend, aber auch fünfmal jenseits jeder modisch akzeptablen Erscheinung. Inzwischen gibt es für mich eigentlich keine haartechnischen Alternativen mehr, da auf meinem Schädel nur noch ein rudimentärer Haarkranz wachsen würde. Also lasse ich die gegenwärtige Welle des »Frisuren-Tragens« entspannt an mir vorbeigehen, bis mein Look wieder cool ist. Eigentlich ist es auch egal, welcher Variante gerade auf dem Kopf getragen wird, ich finde Glatze eigentlich immer geil – genauso wie eine ganze Menge anderer Kerle. Sie ist zart wie ein Babypopo und ein garantierter »Hinkucker«, der nette Jungs zum Streicheln reizt und böse Jungs auf schmutzige Gedanken bringt. Außerdem macht die Glatze selbst reifere Herren mit Haarausfall zu universellen Sexsymbolen. Bestes Beispiel: Bruce Willis und Vin Diesel! Die beiden mit Haaren? Geht gar nicht! Der Anblick des schütteren Haupthaares dieser Männer löst eher Mitleid als Erektionen aus. Die Glatze ist einfach die ehrlichste Frisur: Man hat einen ungestörten, unverfälschten Blick auf das Gesicht eines Kerls – keine geschickte Frisur, die durch modischen Schnickschnack von einer öden Hackfresse ablenkt.

Daneben bietet die Glatze eine ungeahnte Zeitersparnis. Morgens aufstehen, abwischen, – und schon ist man »ready to go«. Keine Haare mehr waschen, föhnen und bearbeiten – kostbare Lebensstunden werden geschenkt!

Also nix wie runter mit den überflüssigen Flusen vom Schädel!

Wie rasiert man sich die perfekte Glatze?

Der Zeitpunkt für eine ordentliche Schädelrasur sollte gut gewählt sein. Also niemals den Rasierer am Abend oder zwischen den Mahlzeiten zücken, dann ist die Verletzungsgefahr am größten. Das liegt daran, dass die unter der Haut liegenden Blutgefäße dann stärker durchblutet werden als sonst. Also, morgens vor dem Frühstück wäre der beste Zeitpunkt. Oder als Vorspiel zu einer ausgedehnten Sex-Session, denn da sollte man ja auch keinen frisch gefüllten Magen haben.

Geduscht werden sollte auch möglichst erst nach der Rasur, da sonst die Kopfhaut aufquillt und dadurch Teile der Haarwurzel »verschluckt«. Dann ist eine spiegelglatte Rasur nicht mehr möglich.

Wer sich direkt mit einem scharfen Nassrasierer an langem Haar vergreift, kann sich auf ein blutiges Abenteuer gefasst machen. Ist der ideale Rasurzeitpunkt gefunden, deshalb erst mal das Haupthaar so knapp wie möglich mit einer Haarschneidemaschine kürzen. So gibt es auch eine letzte Gelegenheit, sich das Ganze noch mal im Spiegel anzuschauen und zu entscheiden, ob man wirklich bis auf die Haut runter rasieren will – sozusagen der »Last Exit« für Glatzen-Neulinge.

Jetzt wird's ernst! Du benötigst eine ordentliche Rasiercreme. Auf keinen Fall ein Billigprodukt, da diese meist zu scharf für die empfindliche Kopfhaut sind. Die Creme muss möglichst sanft sein, nach Möglichkeit Aloe Vera beinhalten. So wird selbst bei Anfängern die Kopfrasur zum aalglatten Vergnügen.

Dann trägst du den Rasierschaum gleichmäßig auf und lässt ihn einige Minuten einwirken. Dadurch stellen sich die Härchen auf und lassen sich leichter absäbeln. Die Haare dann möglichst in Wuchsrichtung rasieren, da es sonst leicht passiert, dass einige Haare nur angerissen und nicht komplett entfernt werden – eben ganz wie bei einer Bartrasur. Spann beim Rasieren die Kopfhaut gegen die Rasurrichtung, dadurch wird sie extrem glatt und auch Haare an tieferen Stellen können entfernt werden. Außerdem verminderst du so die Verletzungsgefahr. Besser, man spürt die Rasur also, da man sich beim Rasieren einer Glatze nur bedingt im Spiegel beobachten kann, ist sorgfältiges, langsames und entspanntes Vorgehen empfohlen.

Ganz wichtig ist die Wahl des richtigen Rasierers. Billige Teile sind der Albtraum jeder Kopfhaut, da sie oft nicht scharf genug und zu unhandlich sind. Deshalb Finger weg von Einwegrasierern!

Für die beste Glatze braucht man den besten Nassrasierer! Das heißt, der Rasierer sollte möglichst viele Klingen haben und im Idealfall unbenutzt sein –

schließlich werden die scharfen Schneiden mit jeder Benutzung stumpfer und reißen irgendwann mehr an der Kopfhaut, als ordentlich abzuschneiden. Es gibt auch spezielle Rasierer wie den »Headblade«, der aussieht wie ein kleines Snowmobil und dessen Aufbau dafür sorgt, dass die Klinge immer den richtigen Winkel zum Kopf hat, während der gebogene Griff für perfekten Halt sorgt. Allerdings bedarf es mit so einem Gerät einiges an Übung, bis es lässig die Stoppeln absäbelt.

Zum Rasierer gibt es eigentlich keine Alternative. Enthaarungsmittel, wie sie Mädels für die Beine benutzen sind grundsätzlich keine gute Idee, um sie auf dem eigenen Kopf anzuwenden. Denn dabei kommt meist nur der Look »Tschernobyl-Opfer« heraus – eine knallrote Birne, auf der ein paar armselige Haarbüschel ums Überleben kämpfen. Es gibt zwar sehr sanfte Ausnahmen, wie eine spezielle indische Natur-Enthaarung, die lediglich aus Zucker, Zitronensäure, Wasser und Sonnenblumenöl besteht. Aber letztendlich sollte man auf Nummer sicher gehen und zur scharfen Fünffachklinge greifen.

Ist die Kopfhaut nach der Rasur glatt und streichelzart, braucht sie besondere Zuwendung. Jetzt bloß kein Rasierwasser auf den Schädel kippen – die Schmerzensschreie könnten den Nachbarn in Panik versetzen. Die Inhaltsstoffe von regulärem Rasierwasser reagieren nämlich auf der Kopfhaut ziemlich aggressiv. Es empfiehlt sich stattdessen der Griff zu einer sanften Lotion oder einem kühlenden Gel – natürlich ohne Alkohol und Parfüm. Die pflegen und schützen die Kopfhaut und bringen den Schädel zum Glänzen wie die schönste Billardkugel.

Zum Abschluss bleibt nur zu hoffen, dass die Umwelt den neuen Kopf-Style ebenso geil findet wie man selbst.

Übrigens: Auch für Feiglinge gibt es eine Glatzen-Lösung. Wer sich nicht sicher ist, ob er das Haupthaar wirklich abfräsen will, dem sei der Gang zum nächsten Visagistenshop empfohlen. Dort gibt es nämlich Gummiglatzen, die mit etwas Übung und Make-up jeden Hippie in einen Vollblut-Skinhead verwandeln. Einen wilden Diskoabend oder eine derbe Sex-Session übersteht so ein Ding natürlich nicht, dafür ist es zu empfindlich. Aber um die Reaktionen der Umwelt auf den neuen Look zu testen, dafür reicht es allemal. Ach ja, mit fürchterlichem Kopfjucken ist zu rechnen – aber wer feige ist, der muss halt leiden!

DIE AUGEN – DER BLICKFANG

Goldie Hawn benutzt Hämorridencreme, um Tränensäcke loszuwerden, Cindy Crawford pappt sich rohe Kartoffelscheiben auf die Augen, und meine Freundin Gesine legt sich die eisgekühlten Kauringe ihres 18 Monate alten Sohnes auf die müden Augen. Jeder kennt ein Mittelchen, um den eigenen Blick besser in Form zu bringen. Und da die erste Kontaktaufnahme mit geilen Jungs nun mal über die Augen funktioniert, lohnt es sich, diese bestens zur Geltung zu bringen.

Schöne Augen sind aber nicht nur eine Sache von reiner Pflege; auch ein gutes Sehvermögen sorgt für aufregende Augenblicke. Denn bei einer Augenschwäche kneift man häufiger unmerklich die Augen zusammen, und das führt dann zu tiefen Krähenfüßen und fiesen Zornesfalten zwischen den Brauen.

Wer wie ich von der Natur mit blauen Augen versehen wurde, wird von seiner Umwelt nicht nur als attraktiv, sondern auch als intelligent eingeschätzt – und zwar wissenschaftlich bewiesen. Trotzdem kenne auch ich die Tage, an denen mich zwei rot geschwollene Pavianhintern aus den Augenhöhlen anstarren. Damit aus öden Triefaugen wieder Funken sprühende Sexmagneten werden, hier ein paar effektive Tipps:

Wie geht richtige Augenpflege?

Wer denkt: »Ich schmier meine Augen mit einer normalen Tagescreme ein, das reicht!« – der irrt! Die feine Haut um die Augenpartie ist mit 0,5 Millimetern viermal dünner als die übrige Gesichtshaut. Damit ist sie erstens entsprechend anfällig für Falten und zweitens besonders empfindlich bei fetthaltigen Tagescremes. Schon ab Mitte 20 beginnen sich die ersten Alterserscheinungen um die Augen einzugraben, und die sind dann nur durch ein teures Lifting zu beseitigen. Also, früh mit der richtigen Pflege zu beginnen, lohnt sich definitiv.

Eine gute Augencreme sollte also in keinem gepflegten Herrenhaushalt fehlen. Allerdings unbedingt darauf achten, dass die enthaltenen Stoffe gut vertragen werden und keine Allergien auslösen.

Fast noch wichtiger als die Wirkung des Produktes ist aber die Art, es auf-

zutragen: schmieren und reiben um das Auge herum erreicht das genaue Gegenteil des gewünschten Effekts. Denn die Haut ist zu empfindlich, als dass sie solch eine Tortur faltenfrei überstehen würde. Augenpflege immer nur mit dem Ringfinger auftragen, weil der relativ schwach ist. Die Pflege immer nur unterhalb und um das Auge herum benutzen, keine Creme auf das Lid direkt aufbringen, sonst wird das Zeugs beim Blinzeln mitten ins Auge transportiert – kein angenehmes Gefühl. Nach dem Auftragen mit dem Ringfinger die Pflege leicht einklopfen, bis alles eingezogen ist. So wird zusätzlich die Blutzirkulation angeregt, und somit werden Schadstoffe aus der Haut abtransportiert.

Gute Pflege allein reicht aber nicht, damit schöne Augen dauerhaft attraktiv bleiben. Zur richtigen Pflege gehört auch die richtige Ernährung! Damit Augen messerscharf fokussieren können und nicht ständig verkniffen durch die Welt stieren, brauchen sie die richtigen Vitalstoffe in ausreichender Menge: Vitamin A, Vitamin C und Vitamin E. Außerdem dürfen Retinol und Betacarotin nicht fehlen, das sind die beiden Rohstoffe für das sogenannte Sehpurpur, ohne das die Lichtsinneszellen in der Netzhaut nicht richtig arbeiten. Um genügend der essenziellen Stoffe zu erhalten, muss man ausreichend von folgenden Leckereien essen: Petersilie, Paprika, Broccoli, Weißkohl, Kiwis und Zitrusfrüchte. Karotten, Aprikosen, Rote Beete, Papaya und Feldsalat sowie Nüsse, Spargel und Grünkohl. Täglich ein Glas Tomatensaft zu trinken, hilft außerdem ungemein – nicht nur den Augen!

Damit Augen nicht übermäßig strapaziert werden und dadurch schneller altern, sollte man unbedingt Folgendes vermeiden:

- viel Zigarettenqualm direkt in die Augen bekommen
- zu lange auf einen PC-Monitor starren
- zu trockene Luft in der Wohnung
- überhitzte Luft in der Wohnung
- zu wenig Schlaf
- zu viel Sonne.

Apropos Sonne: Unerlässlich für dauerhaft jugendliche Augen ist eine hochwertige Sonnenbrille im Sommer. Die sollte den besten UV-Schutz haben und breite Bügel besitzen, um seitliche Sonneneinstrahlung abzublocken.

So ziemlich jeder kennt das Phänomen: Nach einer durchgefeierten Nacht sind die Augen aufgeschwemmt und verquollen. Das ist angestaute Lymphflüssigkeit, die nicht schnell genug abgebaut wird. Da helfen tatsächlich kalte

Gurkenscheiben, wenn sie aufs Auge gelegt werden. Ebenfalls effektiv ist es, Beutel mit schwarzem Tee aufzukochen, dann im Kühlfach einfrieren und 15 Minuten auf die geschlossenen Augen legen.

Leidet man ständig unter geschwollenen Augen, sollte man es mal mit einer Ernährungsumstellung versuchen! Also: weniger Salz, Koffein und Alkohol!

Übrigens müssen dunkle Augenringe nicht immer nur durch Schlafmangel entstehen. Sie können auch vererbt oder durch Krankheit verursacht worden sein – bei anhaltenden Problemen besser immer zum Arzt gehen. Gegen solche Augenringe hilft eigentlich auch keine Creme, sondern nur noch ein spezieller Abdeckstift.

Und was mache ich mit den Augenbrauen?

Schöne Augen brauchen einen passenden Rahmen – die Augenbrauen! Leider verstehen immer mehr junge Kerle darunter hysterisch gezupfte Augenbrauen wie die einer prolligen Getto-Friseuse. Was soll das? Durch die dünnen, feminin-schräg gezupften Brauen sehen selbst die geilsten Typen aus wie schlecht abgeschminkte Transen. Männer müssen Männer-Augenbrauen haben, und die haben eine ganz andere Form als Frauen-Brauen: Sie sind nicht wild geschwungen und dünn, wie mit dem Filzstift aufgemalt. Eine gezupfte Männer-Augenbraue behält ihre natürliche Form, lediglich zu lange und überstehende Härchen müssen weg! Das geht ganz einfach so: Zahnbürste anfeuchten, die Härchen der Braue nach unten kämmen und alles, was zu lang ist, wegschneiden. Dann noch die Härchen zupfen, die einzeln und offensichtlich an der falschen Stelle stehen. Fertig ist die gepflegte Braue!

Unbedingt bei der ganzen Prozedur sich selbst im Spiegel betrachten. Denn schon ein paar falsch gerupfte Haare und die Augenbraue hat Vogelgrippe.

Zwischen den Brauen über der Nasenwurzel sollten übrigens keine Härchen stehen, sonst wirkt das Gesicht zornig. Da kann also hemmungslos gezupft werden.

Von der alten Marlene Dietrich stammt folgender praktischer Tipp, der auch für eitle Jungs interessant ist: Vor dem Ausgehen sollte man mit einem weißen oder hellblauen Kajal einen Strich im Innenrand des unteren Augenlides ziehen. Dadurch wirkt das Auge offener und magisch – ein verzauberter Blick eben.

Sehr heikel, aber ungemein wirkungsvoll, ist die Betonung der Wimpern. Mit etwas Farbe bekommt das ganze Auge einen intensiven, strahlenden Blick. Ich rate aber dringend davon ab, selber zu färben! So was sollte man einem

geübten Visagisten überlassen. Denn nur, wenn der richtige, passende Farbton getroffen ist, sieht man nicht aus wie ein läufiger Pandabär. Die Wirkung der Farbe muss subtil sein, so wirkt sie am besten. Nach der Behandlung beim Visagisten sollte man eine ausgiebige Dusche nehmen, denn es bleibt immer viel Restfarbe in den Wimpern, die durch das Wasser aber rausgewaschen wird. Dann kann man ohne Bedenken wieder unter die Leute und heißen Blickkontakt aufnehmen.

Was kann ich noch für meine Augen tun?

Für alle, die berufsbedingt ihre Augen regelmäßig überanstrengen müssen, weil sie zum Beispiel ständig auf einen Monitor starren, gibt es noch ein paar einfache und wirkungsvolle Übungen. So wird nicht nur die Sehkraft gestärkt, sondern auch die Muskeln um den Augenbereich, wodurch Falten verhindert werden.

Das Augentraining

Gähnen hilft! Man mag es kaum glauben, aber beim ausgiebigen Gähnen spannt und entspannt man sämtliche Gesichtsmuskeln sowie die Nacken- und Rückenmuskulatur. Durch das tiefe Einatmen bekommt das Gehirn einen deftigen Sauerstoffschub und die Tränenproduktion wird angeregt. So bleiben die Augen feucht für tief schmachtende Blicke.

»Umfokussieren« ist ein anerkanntes Trainingsprinzip. Dabei geht es darum, die Augenmuskeln in der Naheinstellung anzuspannen und in der Ferneinstellung zu entspannen. Dazu fixiert man einen Gegenstand, der sich knapp 30 Zentimeter vor dem Gesicht befindet. Den Blick kurz halten, dann in die Ferne schauen, zum Beispiel durchs Fenster. Wieder den Gegenstand fixieren, und wieder in die Ferne schweifen. Das Ganze zehnmal wiederholen, und schon bekommen die Augenmuskeln ein perfektes Workout.

Die nächste Übung klingt lächerlich einfach, bewirkt aber sehr viel. Einfach mal die Lider schließen und versuchen, die Augen zu entspannen. In dieser Stellung mehrere Minuten ruhen. Das Auge wird durch diese simple Übung vor Licht geschützt und die inneren Augenmuskeln können mal richtig entspannen. Aber auch den äußeren Augenmuskeln kommt diese Übung zugute, denn die Augen stellen sich bei Entspannung leicht auseinander und nach oben, wodurch möglichst große Lockerung dieser Muskeln erreicht wird.

Schau ins Grüne! Kein Witz – beim Blick auf eine grüne Fläche entspannt sich das Auge am meisten. Das ist auch einer der Gründe, warum Schultafeln früher grün waren. Denn deren Grünton hat sich am besten bewährt für ermüdungsfreies Sehen.

Als Entspannungsübung unglaublich effektiv ist folgende Massagetechnik. Daumen und Mittelfinger leicht auf die Nasenwurzel pressen, während der Zeigefinger auf den Bereich zwischen den Brauen drückt. Dann mit allen drei Fingern gleichzeitig unter leichtem Druck kleine Kreisbewegungen ausführen. Knapp 30 Sekunden, mehrmals am Tag wiederholt, entspannt diese Übung alle Muskelgruppen um die Augen und verhindert so die Entstehung von Krähenfüßen.

Die letzte ist zugleich die anstrengendste Technik. Dabei ist es wichtig, locker zu bleiben und jede Übung achtmal zu wiederholen.

Es geht damit los, den Blick ganz nach rechts zu fokussieren, während der Kopf unbewegt bleibt. Dann nur mit den Augen schnell so weit nach links schauen, wie es geht – und wieder zurück. Hin und her.

Das Gleiche dann noch mit dem Blick von oben nach unten, von rechts oben nach links unten und von links oben nach recht unten – jeweils achtmal wiederholt. Zum Abschluss der Übung den Blick senken und die Augäpfel in großen Kreisen kullern.

Bei all diesen Übungen ist es wie mit jedem Sport – je öfter man trainiert, desto erfolgreicher sind die Übungen für die Augen. Nur erwischen lassen sollte man sich dabei nicht. Denn man sieht zugegeben wie ein ziemlicher Spinner dabei aus, oder als wäre man auf einem ganz schlechten LSD-Trip hängen geblieben.

GLATTER PO MACHT MÄNNER FROH

Wo schauen schöne Augen bei Männern gern als Zweites hin? Richtig! Auf den Hintern.

Ein glatt rasierter Kopf ist ja schon was Geiles, auch ein unbehaarter Sack hat seine Vorteile, da erspart man sich, nach einem Blowjob mühsam fremde Schamhaare aus dem Rachen zu fischen. Mindestens genauso beliebt bei schwulen Jungs ist ein geschmeidig rasierter Hintern

Zum Lecken, Ficken und generell zum Anschauen – einfach herrlich! Zwar gibt es eine wachsende Fangemeinde von dichter Naturbehaarung im Intimbereich, doch die überwältigende Mehrheit steckt die Zunge lieber zwischen zwei glatte Backen und nicht in einen verfilzten Urwald – eben alles eine Frage des guten Geschmack (Entschuldigt die billige Doppeldeutigkeit ...).

Damit ein knackiger Po möglichst viele Männerherzen schneller schlagen lässt, hier mein Arschrasur-Plan, um einen bärtigen Mond in zwei verlockende Fleisch-Hügel zu verwandeln.

DER ARSCHRASUR-PLAN

1 Fülle eine große Schüssel mit warmem Wasser und platziere sie strategisch geschickt in der Dusche oder der Badewanne. Sorge für ausreichend helle Beleuchtung!

2 Leg einen sehr, sehr guten, sehr scharfen Rasierer mit möglichst vielen Klingen bereit, daneben einen Handspiegel und Rasiergel für empfindliche Haut; keinen Rasierschaum, der versperrt nämlich die Sicht auf das zu rasierende Objekt. Hände weg auch von Einwegrasierern. Die haben an empfindlichen Hinterteilen nichts verloren und sorgen nur für böse Schnittwunden.

3 Mach dich nackt!

4 Befeuchte deinen Hintern ausgiebig mit warmem Wasser und massiere das Rasiergel gut in Haut und Haare am Hintern ein, dadurch wird die Naturkrause schön weich.

5 Wärme den Rasierer im warmen Wasser gut an. Dann beginne entgegen der Schwerkraft, also von unten nach oben, an der Rundung der Backe entlang zu rasieren. Sei dabei nicht zu zögerlich, sonst schneidest du dir ins Fleisch. Kurze, selbstbewusste Striche mit dem ganzen Arm und nicht aus dem Handgelenk – so arbeitest du sauberer.

6 Spül den Rasierer nach jedem Rasierzug aus, um ein Verkleben mit Haaren zu verhindern.

7 Arbeite dich vorsichtig von außen nach innen vor und kontrolliere dabei mit dem Handspiegel deinen Fortschritt.

8 Bei dem höchst empfindlichen Bereich um die Rosette sei besonders vorsichtig. Die Haut ist dort extrem dünn und kann schnell verletzt werden. Jetzt wirst du froh sein, dass du für möglichst viel Licht im Bad gesorgt hast. Denn über den Handspiegel die dunklen Tiefen einer Arschspalte zu kontrollieren, ist wahrlich kein leichtes Unterfangen.

9 Du hast es geschafft, wenn auch das letzte Härchen verschwunden und dein Hintern babyzart ist. Danach desinfizierst du ihn mit einer entspre-

chenden Pflege, um das Risiko eingewachsener Haare zu verhindern, sonst gibt es Pickel. Verzichte dabei aber unbedingt auf Produkte, die Alkohol beinhalten – sonst glauben die Menschen in deiner Straße, bei dir wird ein Schwein geschlachtet. Das tut nämlich verdammt weh!

10 Lass deinen glatten Hintern von möglichst vielen Kerlen bewundern – die Arbeit muss sich ja gelohnt haben! Ähnlich wie beim Bartwuchs bleibt so ein geschmeidiges Hinterteil unterschiedlich lange haarlos. Sprießen bei dir die Stoppeln im Rekordtempo, kann es bereits nach 12 Stunden mit der supersoften Pracht vorbei sein. Das darauf folgende unangenehme Kratzen der nachwachsenden Haare hat dann leider nur noch wenige Fans. Hast du Glück, bleibt dein Hinterteil über Wochen perfekt, bis ein sanfter Flaum nachwächst.

DIE HÄNDE – SCHÖNER FINGERN

Mit einer wirklich billigen, richtig schwulen Überleitung komme ich nun vom sexy Hintern zu den dazu passenden Händen!

Frauen und Schwule teilen ja so manche Fantasie, die Heteromännern komplett fremd ist. Oder gibt es etwa viele Heteros, die von dickbusigen Blondinen mit fiesen Hornhauthänden träumen? Nein, sanft und zart sollen die Luder sein! Bemitleidenswerte Frauen und alberne Schwule dagegen glauben, die sexuelle Erfüllung zu finden, wenn sie von einem herben mediterranen Fischer mit seinen derben Händen gepackt und hemmungslos »genommen« werden. Also, ich würde das gerne mal sehen. Wie die wohl reagieren, wenn so ein nach Fischkutter stinkender Kerl im Bett liegt und mit seinen schwieligen Fingern Löcher in die feine Bettwäsche reißt. »Salz auf unserer Haut«? Eher »Stahlbürsten am Gemächt«!

Im realen Leben ist ein Mann mit gepflegten Händen viel populärer und erfolgreicher. Vom Einstellungsgespräch bis zum ersten Date – der Eindruck der Hände entscheidet nicht selten über Wohl oder Leid eines Unterfangens.

Das »Raue-Hände-Problem« kennen aber nicht nur hart arbeitende Fischer, sondern auch so ziemlich jeder Fitness-Freak. Die Sportstudios sind voll von Jungs mit dicken Muskeln – und noch dickeren Schwielen an den aufgerissenen Händen. Das tägliche Hanteltraining macht zwar einen schönen Körper, aber auch eine hässliche Beulenpest zwischen den Fingern – leider sind es aber genau solche Kleinigkeiten, die einen Mann attraktiv oder nicht erscheinen lassen.

Manchmal liegen bei unfeinen Händen auch gesundheitliche Störungen der Haut vor. Von Stress bis zu einem Ungleichgewicht im Hormonhaushalt reichen die potenziellen Ursachen. Werden also selbst gut gepflegte Hände nicht mehr wirklich zart, sollte sich das Elend mal ein Arzt anschauen. Ansonsten gilt es wie immer: Je früher man mit der Pflege beginnt, umso länger hat man im Alter was davon!

Wie bekomme ich schöne Hände?

Die Haut an den Händen ist besonders dünn und besitzt kein Unterhautfettgewebe. So haben aggressive Reinigungsmittel und Umwelteinflüsse leichtes Spiel, dem Schutzmantel der Haut zu Leibe zu rücken. Dann verliert die Haut schnell an Feuchtigkeit, wird trocken und rissig. Durch diese feinen Risse können dann ungehindert Schadstoffe und Keime in den Körper gelangen – und wie ungesund so was ist, kann sich wohl jeder ausmalen.

Auch übermäßige Gelenkbewegungen strapazieren und dehnen ununterbrochen die Haut – also, Tunten mit abgeknickten Handgelenken brauchen sich nicht wundern, wenn sie sehr früh, sehr faltige Hände bekommen.

So geht die richtige Handpflege

1. Hände sollte man mehrmals am Tag ordentlich mit einer milden, ph-neutralen Seife waschen – inklusive der Fingernägel. Das macht nicht nur sauber, sondern ist auch der beste Schutz gegen Viren-Krankheiten wie Schweinegrippe und Ähnliches. Denn hauptsächlich über die Hände gelangen die meisten Viren und Bakterien via Schleimhäute in den Körper – also über Augen, Nase oder Mund, die man mit den Fingern berührt.
   Besonders schwielige Hände sollte man mehrmals am Tag ordentlich mit einer Bimssteinseife abrubbeln, so besiegt man beispielsweise schnell die Zeichen jahrelangen Gewichthebens.

2. Nach dem Waschen werden die Hände mit einem nichtfettenden Spezialprodukt eingerieben. Die tägliche Pflege sollte je nach Alter einen Pre- oder Anti-Aging Wirkstoff, Vitamine und UV-Schutz enthalten.
   Hat man bereits Altersflecken oder Pigmentstörungen auf der Haut, helfen aufhellende Produkte. Da gibt es inzwischen eine Menge guter Sachen, die die betroffenen Stellen gleichmäßig dezent bleichen, ohne die Haut zu strapazieren.

3. Nachts kann man den Händen ruhig ab und zu etwas Ruhe gönnen, damit sie sich regenerieren können. Damit meine ich nicht, dass man auf

sein abendliches Onanieren verzichten sollte. Verwöhne deine Fingerchen doch mal mit einer speziellen Nachtcreme. Verstärkt wird die Wirkung, wenn man die dick eingecremten Hände über Nacht in ein paar Baumwollhandschuhe steckt – am nächsten Morgen hat man verblüffend weiche Hände. Es versteht sich aber wohl von selbst, dass man so etwas nur machen sollte, wenn man die Nacht allein im Bett verbringt. Nur wenig ist unerotischer als ein schnarchender Kerl mit verschmierten Baumwollhandschuhen neben sich im Bett.

4. Einmal in der Woche sollte man seinen Händen, ebenso wie dem Gesicht, ein Peeling gönnen. So werden auch hier abgestorbene Hautschuppen entfernt und die Durchblutung angeregt – neuer Glanz kommt auf die Finger. Danach unbedingt eine intensive Pflege auftragen, da diese nach dem Peeling besonders gut eindringen und wirken kann. Von Ampullen mit hochkonzentrierten Seren bis zu Handmasken gibt es in den Spezialgeschäften jede Menge effektiver Produkte.

5. Die absolute Luxus-Kur für raue Hände aber ist ein Paraffinbad. Das kann man entweder bei einer Kosmetikerin genießen oder sich ein günstiges Gerät für zu Hause zulegen. Beim Paraffinbad gibt es diverse Prozedere, das sicherste geht so: Die Hände werden nach dem Peeling mit einer Intensivmaske eingecremt, in Plastikhandschuhe gepackt und dann in flüssiges, warmes Paraffin getaucht. Dadurch beginnt die Haut zu schwitzen, die Poren öffnen sich, Wirkstoffe können besser eindringen, und die Durchblutung wird verbessert, während die erzeugte Feuchtigkeit in der Haut bleibt. Wie ein Saunagang für die Hände. Nachdem das Wachs hart ist, zieht man es mit den Handschuhen ganz leicht ab. Durch die Kombination von Wärme und Pflege werden Hände unfassbar zart. Und aus eigener Erfahrung kann ich garantieren, dass selbst der gröbste Kerl sich von solchen Fingern gern verwöhnen lässt. Weiche Hand heißt eben noch lange nicht »Weichei«.

Wer es nicht ganz so aufwendig mag, der kann einmal die Woche seine Hände auch für 20 Minuten in warmem Olivenöl baden, damit erzielt man ebenfalls fantastische Erfolge. Übrigens kann man diese gleiche Wohltat auch seinen Füßen gönnen. Die haben es ziemlich häufig noch viel nötiger, mal so richtig verwöhnt zu werden.

Meine Oma hatte übrigens Hände wie ein Babypopo, weil sie sie regelmäßig 20 Minuten in einem Gemisch aus Buttermilch und warmem Kamillentee gebadet hat.

Wie pflege ich meine Fingernägel richtig?

Hände bestehen ja nicht nur aus der Haut. Das Erscheinungsbild der Fingernägel ist einer der wichtigsten Indikatoren über die Gepflegtheit eines Mannes. Sind die Nägel nicht in Ordnung, wird danach sogar der Charakter eher negativ eingeschätzt. Deshalb sollten Fingernägel niemals abgekaut, schmutzig oder rissig sein! Wir Jungs haben ja nicht die Möglichkeit, unsere unansehnlichen, fleckigen Fingernägel unter schönen, aufgeklebten, künstlichen Teilen zu verstecken wie die Mädels.

1. Ebenso wie die Haut leiden Findernägel unter scharfen Chemikalien beim Putzen oder Desinfizieren von benutztem Sexspielzeug. Da Nägel aus Horn bestehen, werden sie außerdem von Wasser und Seife schnell spröde und porös. Deshalb beim Eincremen der Hände den Fingernägeln besondere Aufmerksamkeit schenken.

2. Fingernägel gelten übrigens als Indikator für die körperliche Gesundheit. Selbst wer darüber nicht so genau Bescheid weiß, nimmt diese Information unbewusst auf – und entscheidet schnell mal an Hand der Fingernägel über Sympathie oder Ablehnung einer Person.
   Sind die Nägel stark, glatt und ohne Rillen oder Flecken, dann deutet das auf einen fitten, gesunden Körper hin.
   Rissige, verformte und glanzlose Nägel dagegen deuten eher auf einen Vitamin- und Mineralstoffmangel hin. Auch Allergien, Verdauungs- oder Durchblutungsstörungen können die Ursache sein.
   Die Ursache gelber Nägel kann bei starken Rauchern Ablagerung von Nikotin sein, es kann aber auch ein Nagelpilz vorliegen – beides ist nicht schön. Deshalb mal ein kleiner Tipp an die Raucher: Etwas Puderzucker und Zitronensaft vermischen und auf die Nägel auftragen, nach ein paar Minuten abwaschen und die Raucherfinger strahlen wieder blütenweiß.

3. Wie lange sollten denn Fingernägel eigentlich bei einem Mann sein? Eigentlich sind die Nägel ein natürlicher Schutz für die Fingerkuppen und sollten daher nicht zu kurz sein. Aber, da es unter schwulen Jungs doch recht oft vorkommt, sich die Hände gegenseitig in den Hintern zu stecken, sollten Fingernägel so kurz wie möglich sein, um sich keine Verletzungen im empfindlichen Analbereich zuzufügen. Das ist allerdings leichter gesagt als getan. Wer nicht die Zeit oder Geduld fürs nötige Üben hat und es sich leisten kann, sollte regelmäßig zur Maniküre gehen. Die gibt es eigentlich an jeder Ecke. Bei der Wahl des richtigen Studios gilt es

eigentlich nur eines zu beachten: Geh in ein Studio, in dem nur mit Handfeilen gearbeitet wird. Sollten die behandelnden Damen mit irgendeinem elektrischen Gerät an eure Finger rangehen, ergreift die Flucht. Nämlich nur mit Handfeilen gelingt eine wirklich feine Maniküre, alles Elektrische fräst zu schnell zu viel vom Nagel ab und macht ihn kaputt.

4. Für die Nagelpflege zu Hause braucht man ein paar gute Utensilien. Dabei sollte man unbedingt zu Qualitätsprodukten greifen – besonders als Anfänger. Sonst ist der Nagel schneller weg, als einem lieb sein kann. Also, vor dem ersten Selbstversuch Folgendes anschaffen:
   – eine gute stabile Nagelschere
   – eine Reinigungsfeile
   – eine grobe und eine feine Mineralfeile.
   Je schwächer und dünner die Nägel sind, desto feiner sollte die Körnung der Feile sein. Wer es genau nimmt, legt sich auch noch einen Pflegestift für die Nagelhaut zu. Abzuraten dagegen ist vom klassischen Knipser, da er die Nagelränder brüchig macht.

5. Klar, dass die Nägel auf der Oberfläche immer sauber sein sollten. Bei starker Verschmutzung kann man da gerne auch mal mit Waschpulver und einer Bürste rangehen. Für grobe Verfärbungen, wie beispielsweise Nikotin, empfiehlt sich eine spezielle »Cleaning Feile«. Deren sanfte Schmirgeloberfläche wird mit leichtem Druck über die gesamte Nageloberfläche geschrubbt, und alles wird wieder blitzblank.

6. Jetzt geht's ans Kürzen. Am besten vergreift man sich an den Nägeln nach dem Duschen oder Baden, dann sind die Nägel schön weich. Geschnitten wird mit einer nichtrostenden Schere auf eine gleichmäßige Länge, das heißt: Die Nägel sollten niemals über die Fingerkuppe hinausragen.
   Anders als bei Frauen sollten Männernägel nicht spitz zulaufen, sondern eine gerade Spitze haben und ovale Seiten – etwas Übung bis zum perfekten Nagel bedarf es da schon.
   Nach der Schere greift man zur groben Feile und bringt die Nägel erst mal halbwegs in Form. Danach wird mit der feinen Feile, die nur sehr wenig Nagelmaterial entfernt, optimiert.
   Wer es ganz genau nimmt, versiegelt dann mit einer Keramik- und Mineralfeilen die Nagelspitze. So ist sie geschützt gegen splittern und reißen.

7. Die Nagelhaut ist ein besonderes Problem bei Männern, da diese schneller wächst und dicker wird als bei Frauen. Ganz wichtig: Egal wie schlimm die Nagelhaut aussieht, niemals abschneiden! Sonst wächst die Haut nur

umso stärker nach. Mit einem Pflegestift trägt man zuerst eine spezielle Flüssigkeit auf, die die Nagelhaut weich und geschmeidig macht, sodass man sie dann mit einer weichen Spitze ohne größere Brutalität zurückschieben kann. Bleiben kleine Reste der Nagelhaut übrig, werden diese mit einem weichen Tuch weggerubbelt. Mit der Zeit erhält man so einen tollen, gepflegten Finger-Look.

8. Zum Abschluss wird poliert – wie bei einem feinen Auto. Dafür gibt es spezielle Polierfeilen, die die Nagelrillen glätten. Wer die Nägel so richtig auf Hochglanz bringen will, besorgt sich ein spezielles Polierpulver mit Polierkissen. Das feine Pulver wird auf den Nagel gestreut und dann mit dem Kissen intensiv zerrieben, bis es heiß wird – so kommen Nägel lang anhaltend auf wahren Hochglanz. Auch durchsichtiger Nagellack ist inzwischen bei Männern nicht mehr ungewöhnlich, da bleibt der Glanz über Wochen erhalten. Optisch ist so was aber doch eher gewagt und sollte nur eingesetzt werden, wenn der Rest des Körper-Stylings ebenfalls von nahezu überirdischer Perfektion spricht.

SCHÖN SPRITZEN – DER MYTHOS BOTOX

Ein Kapitel über gutes Aussehen kann nicht abgeschlossen werden, ohne über eines der am meisten diskutierten Produkte unserer Zeit zu schreiben – Botox!

Wir alle wissen inzwischen: Gutes Aussehen macht das Leben leichter. Deshalb sind eine Menge Menschen, besonders Schwule, bereit, alles dafür zu tun – und sei es auch nur, um dem eigenen Empfinden nach attraktiver zu sein. Geht es um die Sucht nach der ewigen Schönheit, kommt man schnell auf die Monsterbraut Jocelyn Wildenstein und das Gesichtswrack Mickey Rourke zu sprechen. Jede Zeitung, jeder Sender und jeder Idiot, der sich berufen fühlt, schreit dann: »Die haben zuviel Botox genommen! Das ist ein Teufelszeug!«

Da werde ich wütend!

Denn Botox müsste schon eine ziemlich sensationelle Erfindung sein, wenn es für all die verunstalteten Gesichter bemitleidenswerter Promis verantwortlich sein soll. Straff gezogene Gesichter, schmale Nasen, dicke Lippen, hohe Wangenknochen und die Verwandlung einer durchschnittlichen amerikanischen Frau in ein furchterregendes Katzenwesen – das alles soll Botox können?

So ein Quatsch!

Eigentlich sollte es ja Aufgabe der Medien sein, den Bürger aufzuklären. Bei Botox aber scheinen selbst die klügsten Hirne in den Redaktionen zu versagen. Es fliegen so viele Gerüchte und falsche Informationen über Botox durch die Gegend, dass ich mich als Lifestyle-Autor verpflichtet fühle, wenigstens für ein bisschen Ausgleich zu sorgen. Es soll schließlich jeder selber entscheiden können, welche Möglichkeiten er in Betracht zieht, um sein Äußeres zu tunen.

Eines vorneweg: Persönlich finde ich nicht, dass irgendjemand Botox benutzen sollte. Gute Pflege ist wichtig, aber altern sollte man doch bitte so, wie es die Natur eben vorgesehen hat. Schließlich erzählt jedes Gesicht die Geschichte des gelebten Lebens, und das macht es interessant. Aber ich kann natürlich verstehen, wenn ein Kerl sich damit behandeln lässt! Das beste Beispiel ist Matthias, 39 Jahre alt, erfolgreich im Beruf, glücklich verliebt und überzeugter Botoxbenutzer. Allerdings würde man nie vermuten, dass er das »Teufelszeugs« benutzt. Ich selbst wäre nie auf die Idee gekommen. Matthias sieht einfach wie ein gut erholter, gepflegter Mann aus – ein fescher Kerl eben.

Erst nach einiger Zeit habe ich erfahren, dass er ohne das Mittel tiefe Dackelfalten auf der Stirn, fiese Krähenfüße um die Augen und eine tiefe Zornesfalte über der Nase hätte. Davon ist aber dank Botox nichts zu sehen, und er glaubt, das sei der Schlüssel zu seinem Erfolg. Es liegen also Welten zwischen dem, was Botox im sinnvollen Einsatz bewirken kann, und den Horrorbildern, die man aus den Klatschmagazinen kennt. Damit sich jeder selber ein Bild über den Mythos Botox machen kann, hier die wichtigsten Informationen:

Die Wahrheit über Botox

Erst mal eine grundsätzliche Info: »Botox« ist nicht der Wirkstoff, sondern der Name eines Produkts. So wie »Tempo« nur eines von vielen Papiertaschentüchern ist. Das Zeugs gibt es schon über 20 Jahre und wurde in Tausenden medizinischen Forschungen dokumentiert. Wer etwas darüber wissen will, hat also jede Menge zum Nachlesen.

Mythos Botox 1

Aussage: Das ist doch ein Leichen-/Nervengift!

Antwort: Wie gesagt, »Botox« ist nur ein Markenname. Der Wirkstoff heißt Botulinumtoxin und ist ein Protein, das auch ganz natürlich überall im Erdreich vorkommt. Es entsteht unter anderem beim Zersetzungsprozess von Fleisch oder auch Wurst.

Mythos Botox 2

MYTHOS BOTOX

Aussage: Toxin? Also ist es giftig!

Antwort: Das kommt ganz auf die Menge an. Wie bei fast allen Dingen ist die falsche Dosierung tödlich. Kein Mensch überlebt ein Kilo Speisesalz, hundert Aspirin oder eine Behandlung, bei der er das Gewürz Muskatnuss in die Vene gespritzt bekommt. Regt sich jemand über Salz, Aspirin oder Muskatnuss auf? Nein! Es würde kein Mensch auf die Idee kommen, diese Sachen zu verteufeln. Viel wichtiger allerdings ist, dass einige der wirksamsten Medikamente beispielsweise auf Schlangengiften basieren.

Mythos Botox 3

Aussage: Nach einer Behandlung ist das Gesicht wie eine Totenmaske!

Antwort: Das ist nicht ganz falsch. Es kommt auch hier auf die Dosis an. In Amerika gibt es das Phänomen der »Frozen Faces«, also Menschen, die sich so viel von dem Zeugs haben spritzen lassen, dass ihr Gesicht tatsächlich jede Mimik verliert und wie eine Wachsmaske wirkt. Daran hat aber der behandelnde Arzt Schuld. In Deutschland wird man kaum jemanden finden, der Botox so einsetzt.

Mythos Botox 4

Aussage: Botox ist gefährlich!

Antwort: Diese Aussage erübrigt sich von selbst, wenn man folgenden Vergleich kennt: Bei einer durchschnittlichen Gesichtsbehandlung werden ungefähr 50 Einheiten gespritzt. Unter anderem Namen wird Botox als Medikament benutzt, um Kindern zu helfen, die an einem Spitzfuß oder Zerebralparese leiden. Diesen Kindern werden ohne Probleme bis zu 600 Einheiten gespritzt, damit sie wieder laufen können. Diese Kinder wären vermutlich ziemlich überrascht, dass man so abschätzig über das Produkt spricht, welches ihr Leben enorm verbessert.

Mythos Botox 5

Aussage: Botox tötet Nerven ab, man kann also nie mehr fühlen!

Antwort: Das stimmt ein bisschen. Botox blockiert die Weiterleitung von Reizen an die Nerven. Da das Nervengeflecht aber immer wieder neu

nachwächst, haben sich nach knapp sechs Monaten neue Verästelungen gebildet, die das Weiterleiten der Reize übernehmen. Dann geht aber auch der gewünschte optische Effekt verloren. Man sieht also aus wie zuvor.

Mythos Botox 6

MYTHOS BOTOX

Aussage: Es geht auch ohne Injektion, mit Bio-Botox aus der Apotheke! Antwort: Das ist schlicht und einfach Betrug. Botox ist ein Medikament, das nur von Ärzten benutzt werden darf und nicht frei erhältlich ist. Es muss schließlich tief unter die Haut, um zu wirken. Da dort, wie bereits erwähnt, kein frei verkäufliches Produkt hinkommt (auch wenn die Werbung das behauptet), ist alles andere einfach eine geschickt vermarktete Kosmetik, die aber niemals das gleiche Ergebnis erzielt.

Mythos Botox 7

Aussage: Botox tut weh! Antwort: Angeblich nicht. Die Nadeln, die zur Injektion benutzt werden, sind extrem dünn, sodass man nichts spürt. Es gibt lediglich ein Knacken, wenn die Nadel durch die dicken Hautschichten dringt. Vom Mittel selbst spürt man gar nichts. Sollte man doch Schmerzen haben, dann liegt es eher daran, dass der Arzt nicht mit der Spritze umgehen kann.

Mythos Botox 8

Aussage: Man weiß nichts über die Langzeitfolgen! Antwort: Wie oben bereits geschrieben, wird das Mittel seit 20 Jahren erforscht. Es gibt kaum ein Medikament, das so gut dokumentiert ist wie Botox. Aktueller Forschungsstand: Es gibt keine Langzeitfolgen!

Mythos Botox 9

Aussage: Botox sorgt für kaputte Gesichter, geschwollene Lippen etc.! Antwort: Wie sollte das gehen? Die begehrten vollen Lippen werden dadurch erreicht, dass beispielsweise Hyaloronsäure eingespritzt wird. Mit Botox wird nichts aufgefüllt, deshalb kann es auch nicht eingesetzt werden, um beispielsweise tiefe Labialfalten (die um den Mund) zu beseitigen. Außerdem lässt die Wirkung von Botox nach einiger Zeit wieder nach. Alles, was unter Umständen versaut wurde, löst sich bald wieder in den Urzustand auf.

Mythos Botox 10

Aussage: Botox ist nur was für Superreiche! Antwort: Kommt darauf an, welche Prioritäten man setzt. Eine gute Gesichtsbehandlung kann schon bis zu 500 € kosten. Billig ist der Spaß also nicht.

Mythos Botox 11
Aussage: Durch Botox verliert man jede Mimik!
Antwort: Das stimmt teilweise. Tatsächlich wird die Mimik eingeschränkt. So funktioniert beispielsweise kein böser Gesichtsausdruck mehr. Denn die dafür zuständigen Muskeln müssen lahmgelegt werden, um den entspannten, erholten Gesichtsausdruck zu bekommen. Das kann man aber auch als Vorteil sehen.

Damit wären doch mal ein paar der häufigsten Vorurteile geklärt. Jetzt kann jeder selbst entscheiden, ob ihm die Behandlung zusagt oder nicht. Ich persönlich halte es weiter mit guter Pflege und einer bewussten Lebensführung. Vor allem möchte ich mir beim besten Willen nichts ins Gesicht spritzen lassen – zumindest kein Botox.

DAS LEBEN AN SICH

Weiteres praktisches Wissen um jede Party und jede Gesprächsrunde bei Laune zu halten.

Pappsatt

Zum Frühstück werden von der Diätindustrie Cornflakes oft als ideale Ernährung beworben. Viel falsch machen kann man da ja auch nicht, denn in den Dingern ist nichts enthalten. Selbst die Verpackung enthält mehr Nährstoffe als die Cornflakes, die drinstecken.

Prost!

Deshalb also kippen die Mädels von »Sex and the City« so gern den hochprozentigen »Cosmopolitan«. Das Wort »Manhattan« entstammt nämlich einer alten Indianersprache und bedeutet »der Ort, an dem wir betrunken waren«.

Mehlwurm

Der rote Farbstoff im Campari heißt Karmin, und der wird unappetitlicherweise aus zermahlenen Mehlkäfern gewonnen, die auf den Kanarischen Inseln wohnen. Offizielles Kürzel, unter dem man es in allen möglichen Produkten findet, ist »E 120«. So deklariert, findet man den Farbstoff auch in vielen Lippenstiften.

Ach so

Politiker lügen gar nicht so oft, wie man denkt. Es ist eher so, dass die meisten mit der Unwissenheit der Bevölkerung rechnen. Sprechen Politiker nämlich von einem Quantensprung, meinen sie keineswegs eine fundamentale Veränderung, sondern, dass alles beim Alten bleibt. Denn ein Quantensprung ist die kleinstmögliche Zustandsänderung in einem physikalischen System. Besonders interessant, wenn man weiß, dass Angela Merkel promovierte Physikerin ist.

Der also auch

Versteckte Botschaft oder Zufall? Es scheint, Shakespeare war einer von uns. Liest man nämlich die letzten Buchstaben der letzten 14 Zeilen horizontal in der Originalausgabe von »Hamlet«, ergibt sich der Satz: »I am a homosexual«.

DA GEHT DOCH NOCH WAS!

*n*ur durch reine Körperpflege verwandelt sich schon manch stinkender ungeiler Bock in einen scharfen begehrenswerten Hengst. Doch schwule Männer sind anspruchsvoll. *Nur* gut gepflegt reicht nicht! Da geht doch sicher noch mehr, um das Optimale aus dem eigenen Typ zu machen. Deshalb nach der Pflicht jetzt die Kür, denn schließlich steckt es uns Männern im Blut, jeden Wettbewerb gewinnen zu wollen. Und wer bekommt nicht gerne Zuspruch für seinen hervorragenden Style?

Vorsicht ist allerdings geboten bei dem akut grassierenden Lifestyle-Wahnsinn, der sich in den Medien breitmacht. Jeder Scheiß, der nicht unter das Label »Wellness« an den Mann gebracht werden kann, wird als »Lifestyleessenziell« verkauft. Lass dir da nichts einreden. Wahren Style kann man sich nicht kaufen – genauso wenig wie echte Männlichkeit. Man kann es lernen, üben und irgendwann verinnerlichen – und zwar mit dem nun folgenden Fine-Tuning für den echten Mann!

RICHTIG BRÄUNEN – BROILERZEIT!

Bleiche Haut ist bei Frauen inzwischen ziemlich angesagt – zumindest bei den Topmodels dieser Welt. Und auch Superstars wie Nicole Kidman verdienen jede Menge Kohle mit der edlen Blässe. Nun schauen wir Schwule oft ehrfürchtig oder neidisch zu den Göttinnen des Scheinwerferlichts auf, aber sexy ist so eine bleiche Pelle bei Männern nicht. Im Bett haben wir doch dann lieber einen knackig gebräunten Körper liegen. Das spricht doch viel eher den schwulen Schwellkörper an, oder?!

Nun ist das aber gar nicht so einfach mit der gesunden Bräune am Leib. Besonders im Winter, wenn keine ausreichende natürliche Besonnung möglich ist. Da wünscht man sich schon mal, dass der Klimawandel einen Zahn zulegt und in Deutschland ganzjährig tropische Temperaturen an den Baggerseen herrschen. Da liege ich dann Cocktails schlürfend, während sich mein käsiger Bauch langsam in einen attraktiven getönten Blickfang verwandelt.

Außerdem braucht der Mensch die Sonne, um seinen Gemütszustand auf einem erträglichen Maß zu halten. Sonne, in Maßen genossen, ist nämlich gesund. Sie stärkt die Abwehrkräfte, aktiviert den Stoffwechsel und ist gut für Hormone und Stimmung. Schon alleine deswegen wirkt die Bräune positiv auf die Stimmung, weil man in der Szene begehrter ist und vermehrt angebaggert wird. Mit einer fahlen Farbe, wie man sie sonst nur in den tiefsten Tiefen der Speckrollen von Gossip-Sängerin Beth Dito findet, macht man einfach keinen rechten Stich. Wer kann schon einen bleichen Grottenolm lieben?

Und eines ist ja wohl klar, wer immer nur frustriert ist, weil er sich eine Abfuhr nach der anderen holt, der altert schneller und bekommt statt Hautkrebs von der Sonne aus lauter Frust eben Darmkrebs. Auch keine Alternative.

WIE WERDE ICH RICHTIG BRAUN?

Achtung Sonne!

Braun werden? Kein Problem! Einfach im knappen Tanga an den Strand geknallt, schon brutzelt die Pelle. Leider ist das nicht ganz so einfach – und vor allem nicht ungefährlich. Ein Großteil der Deutschen scheint das aber immer noch nicht verstanden zu haben. Derzeit erkranken in Deutschland jedes Jahr mehr als 100.000 Menschen an den verschiedenen Formen des Hautkrebses. Eine wesentliche Ursache dafür ist das UV-Licht der Sonne. Der richtige Sonnenschutz ist also eine wichtige Maßnahme, um gesund zu bleiben. Trotzdem benutzen immer noch nur unglaubliche 9 Prozent aller Sonnenanbeter regelmäßig Sonnenschutz. Das kann nicht gut gehen! Die schnell gewollte Bräune ist ein aggressiver Angriff auf die Haut, der sich in wenigen Jahren rächt. Dabei sind die davon verursachten tiefen Falten noch das kleinste Problem. Nur eine langsame Bräune durch die Sonne bringt sexy Schönheit und Gesundheit von Dauer! Wer es übertreibt, sei es am Wannsee oder in den heißen Dünen auf Gran Canaria, kann gleich einen Termin beim Dermatologen buchen! Als Richtwert wird offiziell empfohlen, dass die Zahl der Sonnenbäder, künstliche und natürliche zusammen, 50 pro Jahr nicht übersteigt!

Solarium

Geht es ums richtige Sonnenbad, schreit die halbe schwule Gemeinde auf: «Ich bin gut vorbereitet! Ich gehe regelmäßig ins Solarium!»

Schön gedacht, aber falsch!

Der beliebte »Urlaubsvorbereiter« Solarium ist komplett unnütz. Klar macht der Besuch auf der Sonnenbank braun, aber Solariumlicht ist anders zusammengesetzt als Sonnenlicht und bewirkt lediglich eine Pigmentänderung statt wirklichen Schutz. Außerdem erhöht Bräunen auf der Sonnenbank das Hautkrebsrisiko und schwächt das Immunsystem durch die unsichtbaren UV- und UVB-Strahlen, die in manchen Solarien 15-mal stärker sind als am Äquator zur Mittagszeit. Nur das sichtbare Licht und die Wärme der Sonne können zur Stärkung des Immunsystems beitragen. Aufgrund der enormen Gesundheitsgefahr ist für Jugendliche unter 18 das Sonnen im Solarium in Frankreich, Kalifornien und inzwischen in Deutschland vom Bundesamt für Strahlenschutz verboten. Außerdem macht regelmäßiger Solariumbesuch einfach alt! Da habe ich neulich auf der Messe für Sonnenstudiobesitzer eine wunderbare Szene erlebt: Regelmäßige Solariumbräuner wurden in einer Umfrage von Messebesuchern auf ihr Alter geschätzt und in der Regel für 10 Jahre älter gehalten, als sie wirklich sind. Sehr lustig, die entsetzten Reaktionen der tief gebräunten Damen und Herren. Und für den durchschnittlichen schwulen Mann ist es sicherlich wesentlich schlimmer, älter geschätzt zu werden, als etwas zu blass zu sein, oder?

Empfehlungen für ein gesundes Sonnen im Solarium gibt es nicht – Risiken entstehen dabei nämlich immer. Aber wenn man einige Regeln befolgt, hält man den potenziellen Schaden möglichst gering:

1 Egal, wie schön es ist: Verzichte auf die ganzjährige Dauerbräune!

2 Vermeide jegliche Form von Sonnenbrand!

10 REGELN FÜRS SOLARIUM

3 Die Solarien sollten nur der Gerätetyp 2 oder 3 und, wenn man es ganz genau nimmt, klassifiziert sein als DIN/EN 60335-2-27 und DIN 5050 Teil I + II.

4 Lass dir deinen Hauttyp bestimmen, um die ideale Bräunungszeit festzulegen! Halte dich an die Empfehlungen! Wer Hauttyp 1 ist, sollte das mit dem Solarium gleich komplett vergessen.

5 Werden in einem Solarium gesundheitsfördernde Aussagen in Bezug auf deren Wirkung getroffen, geh da möglichst schnell raus. Das ist nämlich nicht erlaubt.

6 Niemals auf die Sonnenbank, wenn du unter Hautkrankheiten leidest oder Medikamente einnimmst – die Reaktionen der Bestrahlung sind nicht vorhersehbar. Im schlimmsten Fall verbrennt die Haut, bevor man es merkt.

7 Vor der Besonnung alle Kosmetika, wie Körperlotion und Ähnliches, abwaschen. Auch auf Parfüm sollte verzichtet werden.

8 Benutze kein Sonnenschutzmittel unterm Solarium. (Wer so doof ist, dem sollte sowieso jegliches freie Entscheidungsrecht abgesprochen werden.)

10 REGELN FÜRS SOLARIUM

9 Immer die hässliche kleine Schutzbrille tragen!

10 Hast du mehr als 40 Leberflecken – oder einige sehr auffällige –, dann hast du auf der Sonnenbank nichts verloren. Ebenso wer an Hautkrebs erkrankt ist oder war oder ein transplantiertes Organ hat.

Selbstbräuner

Auch Selbstbräuner bauen keinen Schutz vor UV-Strahlen auf. Sie bereiten lediglich optisch auf den Urlaub vor, damit man nicht weiß wie eine schwindsüchtige Kalkwand in den Pool steigen muss. Selbstbräuner bergen noch andere, eher kosmetische Gefahren. Ungleichmäßig aufgetragen, entstehen nämlich unschicke Streifen auf der Haut, die mit keiner modischen Extravaganz zu entschuldigen sind. Die Bräune aus der Tube entsteht durch den Wirkstoff Dihydroxyaceton, der mit Eiweißen in der oberen Hautschicht reagiert und sie bräunlich gelb färbt – der Wirkstoff rostet also regelrecht auf der Haut.

Trotzdem ist ein guter Selbstbräuner eine prima Alternative, um sich etwas Sex-Appeal ins Gesicht und auf den Körper zu zaubern, wenn gerade mal das nötige Kleingeld für den spontanen Urlaub auf den Malediven fehlt. Damit man sich nicht in eine schäbige überbräunte Donatella-Versace-Kopie verwandelt, geht man folgendermaßen vor:

1. Teste den Selbstbräuner an einer unauffälligen Stelle an deinem Körper, um die Wirkung des Produkts auf der Haut zu testen. Es kann nämlich gut

sein, dass du auf einen der Inhaltstoffe allergisch reagierst. Außerdem machen Selbstbräuner – je nach Hautbeschaffenheit – eher orange als braun.

2. Vor dem Auftragen solltest du immer ein Körperpeeling machen (mehr dazu im entsprechenden Kapitel). Dann ist die Gefahr von peinlicher Streifenbräunung nahezu ausgeschlossen.

3. Den Bräuner sorgfältig und gleichmäßig auftragen. An Körperstellen mit dickeren Hornschichten, wie dem Ellenbogen oder an Falten, dünner auftragen, da diese Stellen sonst dunkler werden.

4. Den Haaransatz und die Augenbrauen unbedingt aussparen. Die Verfärbungen da sind nicht vorhersehbar und können schnell peinlich werden.

5 Nach der Anwendung *immer* die Hände gründlich waschen, sonst färbt man die komplette Umwelt kackbraun. Außerdem mindestens eine halbe Stunde nackt bleiben, sonst verfärbt der Bräuner dauerhaft alle Textilien.

6. Die endgültige Färbung tritt ungefähr nach 4 bis 6 Stunden ein. Es gibt aber auch spezielle Turbobräuner, die bereits nach einer Stunde wirken – diese Produkte sind aber meist hochaggressive Chemiebomben.

7. Wegen ihrer festen Konsistenz sollte man im Gesicht und am Hals Bräunungscremes verwenden, für größere Flächen, wie dem Rücken oder den Beinen, empfiehlt sich ein Spray.

Echte Sonne

Immer noch die schönste Art, zu einer natürlichen Bräune zu kommen, am besten weit weg von zu Hause in einem schönen Urlaubsland.

Steht so ein Sonnenurlaub an, kann man die Haut prima auf die anstehende Belastung vorbereiten, nämlich mit sogenannten Sonnenkapseln, mit deren Einnahme man knapp 4 Wochen vor Abflug beginnt. Solche Nahrungsergänzungsmittel gibt es von einer Menge Anbieter, deshalb lohnt es sich, einfach mal den Apotheker des Vertrauens zu befragen. Meist beinhalten diese Kapseln Beta Carotin, Vitamin B5 und Biotin, da diese unerlässlich für ein gutes Hautbild sind. Ebenfalls eine gute Vorsorge für die Haut ist die tägliche Einnahme von Kalzium-Brausetabletten – mindestens 500 Milligramm pro Tag, 2 Wochen vor dem Urlaub sollte man mit der Einnahme beginnen, damit sie effektiv freie Radikale binden können – das sind die aggressiven krebserregenden Moleküle, die der Körper unter UV-Strahlung massenhaft produziert.

Ein zusätzliches Glas Tomatensaft jeden Tag und man ist für das Schlimmste gewappnet.

Weitere wichtige Regeln für das Bad in der Sommersonne

1. Hautärzte empfehlen, bei einem zweiwöchigen Urlaub am ersten Tag mit 10 Minuten Sonnenbaden zu beginnen und jeden weiteren Tag 10 bis 15 Minuten zu verlängern. Die ersten Tage ist ein sogenannter Sonnenblocker zu empfehlen. Das sind Sonnencremes ab einem Lichtschutzfaktor 30 – der ist besonders wichtig, wenn man aus der winterlichen Heimat in ein warmes Urlaubsland flüchtet.

2. Wie lange man in der Sonne bleiben kann, kommt auf den Hauttyp an. Es gibt zwar Tabellen und Listen mit Richtwerten, allerdings sind diese für den Durchschnittsbürger ohne dermatologisches Fachwissen relativ unverständlich. Ein Gespräch mit einem Hautarzt ist empfehlenswert. Der kann den genauen Hauttyp bestimmen und perfekten Schutz empfehlen. Als oberste Maxime gilt immer: Achte auf deinen Körper! Wird die Haut rot – raus aus der Sonne und ab in den Schatten!

3. An vielen Urlaubsorten wirkt die Sonne intensiver als zu Hause, entsprechend schnell kann man sich verbrennen. Sonnenschutzmittel sollten mit physikalischen statt chemischen Filtern versehen sein. In diesen Cremes sind kleine Krümel, die das Sonnenlicht reflektieren und damit effektiver schützen. Leider sind diese Sonnenschutzmittel nicht so leicht aufzutragen,

und oft bleibt eine feine weiße Schicht auf der Haut zurück. Im Normalfall wird auf der Verpackung angegeben, ob es sich um einen mineralischen Sonnenschutz handelt. Steht dort nichts, ist es garantiert ein chemischer.

4. Ganz wichtig: Auch bei regelmäßiger Medikamenteneinnahme sollte man ein ausführliches Gespräch mit dem Hausarzt führen. Arzneien, wie Antidepressiva, Johanniskraut, Antibiotika, Antidiabetika und Ähnliches, können Stoffe enthalten, die die Haut empfindlicher gegen Sonnenstrahlen machen.

5. Egal, wohin die Reise geht: Als bleicher deutscher Kerl sollte man in südlichen Regionen die Sonne in der Mittagszeit zwischen 12 und 15 Uhr meiden, da ist sie nämlich am aggressivsten. Einfach ein Beispiel an den Spaniern nehmen – die machen dann nämlich Siesta. Außerdem ist das Licht am späten Nachmittag das schönste und lässt die Haut wunderbar leuchten.

6. Ein großer Irrtum ist ja, dass man im Wasser keinen Sonnenbrand bekommt. Dabei dringen bis zu 30 Zentimeter unter die Wasseroberfläche 80 Prozent der gefährlichen Sonnenstrahlen. Ein Sonnenbrand auf der Vorhaut ist damit zwar relativ unwahrscheinlich, aber die Schultern und der obere Rückenbereich sind schwer gefährdet. Und: Nasse Haut ist wesentlich sonnenempfindlicher als trockene, denn im Wasser quillt sie auf, und der hauteigene UV-Filter Urocaninsäure wird ausgewaschen.

DER RICHTIGE DUFT

Ein echtes Problem, das offensichtlich nur bei Schwulen vorkommt, ist das Missverständnis um den Gebrauch von Parfüm. Glaubt man einschlägigen Kontaktseiten im Internet, steht mindestens die halbe schwule Welt auf stinkende Männer; in jedem zweiten Profil steht nämlich der Satz: »Suche echte Männer – ohne Parfüm und Deo«. Aha, *so* wird also ein echter Mann definiert …

Die Idee dahinter mag richtig sein, schließlich sollte ein Mann nicht wie ein umgekippter Blumenlaster riechen.

Die Kehrseite dieser Medaille allerdings ist, dass ein Großteil der Homowelt die Umwelt verpestet mit einem Gemisch aus alter Pisse, umgekipptem Poppers und den Achselhaaren einer verschwitzten Putzfrau im Polyesterkittel. Eine ganze Menge Kerle stinken aus falsch verstandener Männlichkeit nämlich erbärmlich zum Himmel!

Um eines klarzustellen: Körpergeruch kann eine geile Sache sein. Frischer Schweiß, der Geruch des verschwitzten Partners nach dem Sex, selbst morgendlicher Mundgeruch kann im Rausch der Begeisterung enorm stimulierend wirken. Aber doch nicht die Ausdünstungen von wildfremden Menschen in der U-Bahn oder von irgendwelchen Jungs, die ins Sportstudio gehen, ohne sich nach der Fistsession am Abend davor gewaschen zu haben. Das ist einfach zu viel! Intime Gerüche möchte man doch eigentlich erst kennenlernen, nachdem man zumindest den Vornamen des Verströmers kennt.

Ich glaube, die Schuld daran trägt vor allem die Duftindustrie selbst.

Seit Jahren trichtert sie uns mit penetranter Werbung ein, man müsse nun unbedingt nach dieser oder jener Kreation riechen, sonst wäre man nicht up to date, nicht cool und hätte keinen Spaß mehr im Leben. Leider floss dabei meist sehr viel mehr Geld in die Werbung als in die Entstehung des Duftes, und so belästigen uns eine endlose Reihe olfaktorische Atombomben. Das sind grelle synthetische Düfte, die von irgendeinem PR-Strategen als nächster heißer Trend deklariert wurden. Denn nur wer »lauter« duftet als das Konkurrenzprodukt, fällt im überlaufenen Parfümmarkt auf. Gerade jüngere Kerle, die Mode und Styling erst für sich entdecken, benutzen dann solche Modewässerchen exzessiv. Wie sollten sie es auch besser wissen, es kennt sich ja kaum noch einer damit aus, wie man mit einem Parfüm richtig umgeht.

Weiß man allerdings, einen oder mehrere Düfte geschickt einzusetzen, so kann man die Männerwelt in wahre Ekstase versetzen. Es klingt vielleicht arrogant, aber die Wahrheit ist, die meisten Typen finden, dass ich einen geilen Körpergeruch besitze, der sie richtig scharf macht. *Aber:* Das ist eigentlich ein Geheimnis, mein Körpergeruch ist nichts anderes als mein ganz persönliches Gemisch aus zwei Parfüms, strategisch geschickt aufgetragen. In Verbindung mit meinem tatsächlichen Eigengeruch kommt eine höchst erfolgreiche Mischung raus. Jetzt ist diese Illusion zwar zerstört, aber was soll's. Wenn man sein Wissen nicht teilt, ist es nichts wert! Jeder kann es lernen, Düfte zu seinem Vorteil einzusetzen, ohne gleich als Parfüm-Schwuchtel verschrien zu werden. Dafür braucht es aber die Bereitschaft zum Lernen und Üben.

Das Ganze hilft übrigens nicht nur beim Verführen. Auch im ganz normalen Alltag, im Beruf oder bei wichtigen Kontakten beeinflusst der richtige Duft die Umwelt positiv. Es heißt ja nicht ohne Grund: »Den kann ich gut riechen!«

Wie findet man denn nun sein richtiges Parfüm?

1. Die wichtigste Zutat bei der Duftsuche lautet: Zeit!
   Der größte Stolperstein auf dem Weg zum nasalen Glück ist nämlich die eigene Nase. Spätestens nachdem man an drei unterschiedlichen Parfüms geschnuppert hat, ist die Schleimhaut dicht, und man kann Hundehaufen kaum noch von Rosenblüten unterscheiden. Damit man nun nicht über Wochen in der Parfümabteilung des heimischen Kaufhauses rumrennen muss, um sich immer wieder aufs Neue durch das Angebot zu schnuppern, sollte man sich für seine Duft-Odyssee eine handvoll Kaffeebohnen mitnehmen. Nach jedem neuen Duft riecht man daran und kalibriert so die Nase wieder auf neutral. Aber auch das geht nur dreimal, dann ist die Feinheit des Geruchssinns für eine ganze Weile erschöpft. Nimm dir also Zeit und plane ein paar Tage ein, um deinen persönlichen Duftschatz unter den ganzen Stinkbomben zu finden.

2. Hast du dir genügend Zeit im Terminkalender frei gehalten, dann geht es frisch gewaschen los. Gewaschen aber nur mit Wasser – ohne Seife. So behält die Haut ihren natürlichen Säureschutzmantel und bietet ideale Bedingungen für die Aufnahmefähigkeit duftender Substanzen – entsprechend hast du 100 Prozent Eigengeruch und erkennst besser die Wirkung eines Duftes auf deiner Haut.

3. Bevor man loszieht, sollte man sich ebenfalls darüber klar werden, wofür man den Duft einsetzen will. Zum Verführen für heiße Dates? Für die Arbeit? Ein Allrounder für den ganzen Tag oder nur etwas für die wilde Wochenendparty? Jede Stimmung hat einen eigenen Charakter, und das sollte man sich bewusst machen. Denn nur wenn man weiß, was man mit einem Duft erreichen will, kann man gezielt auf Entdeckungstour gehen. Es hilft immer, sich ein paar Notizen zu machen. Einfach mal niederschreiben, für welche Gelegenheit man ein Parfüm braucht. Zusätzlich kann es nicht schaden, sich Duftnoten zu notieren, die man selber mag: Vanille, Weihrauch oder vielleicht doch eher frische Zitrusfrüchte. Ein geschulter Parfümverkäufer kann dann schon genau bestimmten, in welche Richtung die Duftreise geht.
   Perfektioniert hat dieses System der Designer Tom Ford. Der hat seinen Tag dem Anlass entsprechend in verschiedene Duftzonen eingeteilt, für die er sich im Lauf der Zeit feste Parfüms zugelegt hat. Selbstverständlich setzt man in so einem ausgeklügelten System die Düfte äußerst dezent ein und übersprüht nicht ein Insektengift mit dem nächsten.

4. Such dir eine professionelle Parfümerie für deine Entdeckungstour aus. Es ist wichtig, dass du vor Ort einen Verkäufer antriffst, der wirklich Ahnung hat, wovon er spricht. Es ist nämlich eher unwahrscheinlich, dass in großen Beauty-Ketten, die Hunderte Parfüms anbieten, jemand wirklich auf deine Wünsche eingeht. Stattdessen wird versucht, dir den Duft anzudrehen, der gerade die wöchentliche Promotion bezahlt.

5. Versuche, die Werbung für all die verschiedenen Parfüms zu vergessen, die ständig auf dich einprasseln. Es geht um den Duft, nicht um das damit verkaufte Image. Heutzutage ähneln sich die meisten Modedüfte dermaßen, dass selbst Experten keinen Unterschied erkennen. Bleib offen für Neues. Vielleicht ist der perfekte Duft für dich schon seit Jahren auf dem Markt, vielleicht von einer unbekannten Marke – lass dich von den Assoziationen leiten, die dir beim Erschnuppern eines Parfüms in den Sinn kommen.

6. Es kommt heute zwar nicht mehr so oft vor, aber ab und zu sprühen Verkäufer immer noch ohne Vorwarnung ein neues Parfüm in Richtung des wehrlosen Kunden. Lass dir das nicht gefallen, und schnuppere auch nicht aus Freundlichkeit an einem dargebotenen Papierstreifen. Solche Düfte werden angeboten, weil der Hersteller viel Geld an den Verkäufer bezahlt, und nicht, weil sie besonders gut sind. Meist handelt es sich dabei um hochsynthetische Billigprodukte, die es zu meiden gilt. Wahre Qualität erkennt man daran, dass sie nicht angeboten wird wie Sauerbier. Denn bei hochwertigen Düften sind die enthaltenen Zutaten zu wertvoll, um sie hemmungslos in der Gegend zu verspritzen. Also: Alles, was dir ungefragt angesprüht wird, gleich vergessen!

7. Neben der Werbung wird man oft von einer schicken Verpackung zum Kauf verführt. Bei Düften ist die Regel aber eher: Je unauffälliger ein Flakon, desto wertvoller der Inhalt. Es gibt jede Menge grauenhafter Billigware, die ein Vermögen kostet, weil sie in aufwendigen Flaschen schwappt. Kaufe so etwas nur, wenn du finanziell gut versorgt bist und den Flakon einfach nur als Dekoration haben möchtest – so was soll es ja auch geben.

8. Außerdem ist es wichtig, dass du irgendwelche Duftbeschreibungen der Hersteller, wie »frisch«, »maskulin« und Ähnliches, ignorierst. Denn selbst wenn etwas wie ein Zitronen-Klo-Reiniger riecht und an Herren verkauft werden soll, wird es als »maskulin« bezeichnet, ist also reines PR-Gerede, zum anderen hat jeder eine andere Vorstellung wie »Frische«, »Maskulinität« oder »Schwere« riecht.

In meinen jahrelangen Parfümbesprechungen tauchten etliche aktuelle Produkte auf, bei denen es kaum Unterschiede gab. Trotzdem wurden sie alle ganz unterschiedlich charakterisiert. Das liegt einfach daran, dass die Hersteller heute immer noch versuchen, entweder »Cool Water« von Davidoff oder irgendeinen beliebigen Calvin-Klein-Duft zu imitieren – die waren nämlich so sensationell erfolgreich, dass jeder auch gern ein Scheibchen vom Erfolg abhätte.

9. Wenn du einen Duft Probe schnuppern möchtest, lass dir bloß nichts davon auf die dämlichen Papierstreifen sprühen. Denn Papier ist ein denkbar schlechter Duftträger. Du erfährst so nur, wie das Zeug auf Papier riecht. Und du bist doch nicht aus Papier, oder? Also lass dir ein bisschen auf das Handgelenk, die Armbeuge oder den Handrücken sprühen. Dann um Gottes Willen bloß nicht verreiben – auch so eine dumme Angewohnheit. Damit zerstört man nämlich die feinen Duftmoleküle. Das Parfüm muss sich erst mit den hauteigenen Ölen vermischen, um so den wahren Duft zu entwickeln, den es auf deiner Haut haben wird. Das kann allerdings etwas dauern. Deshalb solltest du ja Zeit mitbringen. Merke dir, wo du welchen Duft hingesprüht hast, denn es braucht eine Weile, bis er sein Potenzial entwickelt.

10. Das ist jetzt der richtige Moment, einmal den Aufbau eines Parfüms zu erklären: Das, was du zuerst riechst, ist die Kopfnote. Die liefert zwar den ersten Eindruck, verflüchtigt sich aber normalerweise relativ schnell wieder. Blöderweise entscheiden sich aber die meisten wegen der Kopfnote zum Kauf und sind dann überrascht, wenn sie zwei Stunden später den Duft nicht mehr wiedererkennen.
Denn dann wirkt die Herznote, gefolgt von der Basisnote. Und auf die kommt es an. Die Basisnote trägt man für Stunden mit sich herum! Ergo: Die Kaufentscheidung niemals sofort, sondern erst dann fällen, wenn man nach einigen Stunden immer noch von dem Duft überzeugt ist. Es gibt heutzutage einige neuartige Entwicklungen, die tatsächlich nur aus einer Duftnote bestehen. Aber das ist so selten – und eher teuer –, dass man schon gezielt danach suchen muss.

11. Apropos Preis: Wie teuer ein Parfüm ist, sagt überhaupt nichts über die Qualität aus. Es gibt nur noch sehr wenige echte unabhängige Parfümeure, die teure und ungewöhnliche Ingredienzien vermischen auf der Suche nach edlen Kreationen. Die meisten Duftentwicklungen entstehen synthetisch in wenigen großen Labors in Masse. Will ein Unternehmen seinem

Repertoire einen Duft hinzufügen, dann geht man dorthin, schnüffelt sich durch etliche vorgefertigte Beispiele und wählt dann irgendeinen aus, der genauso duftet wie das, was auf dem Markt schon erfolgreich existiert.

Qualität entsteht durch die Zutaten, d. h. es ist darauf zu achten, dass sie möglichst natürlich sind. Denn einen synthetischen Duft kann man auch gegen die Wand sprühen, er wird nur selten wirklich individuell riechen und immer etwas zu aufdringlich sein. Menschen mit empfindlichen Nasen erleben solch intensive synthetische Düfte wie eine Wand um eine Person herum, durch die sie auf keinen Fall selbst den leckersten Kerl anfassen möchten.

12. Hat man irgendwann seinen persönlichen Lieblingsduft gefunden, kommt es zur wichtigsten Übung. Jeder Duft kann nur so gut wirken, wie man ihn auch richtig aufträgt.

   Wildes Einsprühen wie ein Hormon verwirrter Teenager vor dem ersten Date geht ab Mitte 20 nicht mehr – weniger ist oft mehr. Wer selbst aus 100 Metern Entfernung noch ein Kompliment für seinen Duft bekommt, hat es definitiv übertrieben. Im Extremfall kann deshalb ein heißes Date regelrecht ins Duftwasser fallen.

   Aufgetragen wird ein Parfüm an den pulsierenden Stellen am Körper. Dazu spritzt man etwas davon auf die Handfläche und trägt es sanft am Nacken, dem Steiß, der Kniekehle und der Halsschlagader auf. Dann noch eine Stunde Geduld und endlich hat man seinen ganz persönlichen Idealgeruch, der ziemlich garantiert Männern den Kopf verdrehen wird, ohne dass sie genau wissen, warum.

   Am besten gefällt mir übrigens eine Aussage von Joan Collins zum Thema Duft: »Man sollte überall dort einen Tropfen Parfüm hintun, wo man gerne geküsst werden will« Zu blöd, dass das Zeug auf den Eiern so brennt …

Als Inspiration: Männliche Düfte, die kaum einer kennt, aber jeder unbedingt mal ausprobiert haben sollte – und sei es nur, um den eigenen Geruchshorizont zu erweitern.

5 Absolut alles von Serge Lutens. Das ist ein reicher Franzose, der nur wirklich kreative Parfüms entwickelt und auch auf den Markt bringt. Da er keinerlei finanziellen Zwängen unterliegt, veröffentlicht er auch nur genau das, was ihm persönlich zusagt. Jenseits jeglicher schnellen Trends sind seine Düfte die besten, um zu entdecken, welche Möglichkeiten es eigentlich gibt. Die Zutaten sind alle natürlich, und die Düfte können eigentlich sowohl von Frauen als auch von Männern getragen werden. Einzige Orientierung bei seinen Kreationen: die Farbe des Parfüms. Je dunkler die Flüssigkeit, desto »schwerer« der Duft, und umso dunkler sollte auch der Typ Mann sein, der ihn trägt. Allerdings sind die Düfte teilweise so exzentrisch, dass man schon eine ordentliche Portion Mut mitbringen muss, um sich durch das Angebot zu schnüffeln, geschweige denn, sie zu benutzen. Aber es sind auch einige absolute Knaller dabei!

TOP FIVE DÜFTE

4 Der Duft ESCENTRIC 01 ist etwas Außergewöhnliches, da er nicht nach dem klassischen Parfüm-Muster aufgebaut ist, sondern zu 65 Prozent aus dem speziellen Molekül »ISO E Super« besteht und so einen wunderbar samtigen Geruch nach rotem Pfeffer, grüner Limette und Weihrauch verströmt, der sich auch nach Stunden nicht verändert.

3 Sowohl Tom Ford als auch Thierry Mugler haben jeweils eine Box mit 12, beziehungsweise 15 Einzeldüften herausgebracht, die dazu gedacht sind, dass man sich selbst daraus täglich aufs Neue sein individuelles Parfüm mischt, welches der aktuellen Stimmung entspricht. Absolut empfehlenswert für kreative, experimentierfreudige Kerle. Da es nicht so einfach ist, die beiden Boxen ausfindig zu machen, verrate ich hier mal die Namen, denn für so ausgefallene Ideen kann man gerne mal etwas Werbung machen: Das ist einmal die »Private Blend Box« von Tom Ford, die andere ist die »Limited Edition Perfume Collection« von Thierry Mugler.

2 Ungewöhnlich ist das Geschäftsmodell von »Le Labo«. Deren Düfte werden beim Kauf frisch aus den Zutaten gemischt und können so vor Ort dem Geschmack des Kunden angepasst werden. Dazu gibt es ein persönliches Etikett auf dem der eigene Name handgeschrieben verewigt wird. Zusätzlich gibt es in jeder Stadt, in der die Düfte verkauft werden, einen einzelnen, der genau den Charakter eben jener Stadt widerspiegelt und auch nur dort zu erhalten ist – exklusiver geht's kaum.

1 Die Klassiker
Es lohnt sich, einfach mal im Internet auf Recherche zu gehen, welche Parfüms denn in den Siebzigern und Achtzigern populär war. Damals waren

Düfte noch kein Massengeschäft, und es wurden viel mehr individuelle hochwertige Parfüms entwickelt. Meist ist man ganz überrascht, auf welch feine und wahrhaft maskuline Perlen man da stoßen kann. Den Anfang kann man ruhig bei der »Gentlemen Collection« von Aramis machen, denn die haben Klassiker aus den letzten 30 Jahren wiederaufgelegt. Eine höchst interessante Entdeckungsreise in die Vergangenheit.

EIN GUTER ANZUG – SCHICKER ZWIRN

Es kommt im Leben eines schwulen Mannes der Moment, an dem er ohne einen schicken Anzug nicht mehr auskommt: sei es beim entscheidenden Bewerbungsgespräch im Traumjob, auf der Hochzeit der besten Freundin, auf dem roten Teppich bei einer hippen Premiere oder weil der Traummann einen absoluten Fetisch für Anzug-Sex hat.

Generell aber gilt: Ein perfekter Anzug verwandelt jeden Mann in eine elegante Erscheinung.

Leider ist das gar nicht so einfach, sich einen wirklich gut sitzenden Anzug zuzulegen, der den Eindruck »Mann von Welt« und nicht »Sparkassenangestellter kurz vor der Rente« verströmt. Deshalb kann es wirklich nicht schaden, einigermaßen Bescheid zu wissen, wie man zu einem schicken Zwirn kommt.

Wie finde ich den passenden Anzug?

Zuerst die schlechte Nachricht: So richtig perfekt, wie vom Designer gedacht, sitzen gute Anzüge nur an schlanken oder athletischen Menschen – Bodybuilder sehen in Anzügen, egal wie gut sie sitzen, eigentlich immer aus wie schicke Türsteher. Aber das ist ja immer noch besser, als in Jogginghosen und Sweatshirts bei einem feinen Anlass aufzutauchen. Leider wird der Anzugkauf zum Horrorszenario, hat man einen Körper mit eigentlich charmanten männlichen Attributen wie »breite Schulter und schmale Hüfte«, »kräftige Beine« und einen wirklich »flachen Bauch«. Denn Designer scheinen davon auszugehen, wer breite Schultern hat, hat auch einen dicken Bach, und so sieht dann selbst der perfekteste Muskelberg eher eine verbeulte Wurst in Pelle im Spiegel als ein elegantes Abbild seines trainierten Körpers. Das Gleiche gilt zwar auch für übergewichtige Jungs, für die gibt es aber wenigstens spezielle Herrenausstatter für Übergrößen. Dort bekommt man zwar keine schicken Modelle, aber es herrschen wenigstens auch keine Grenzen, was die Ausmaße des männlichen Körpers angeht.

Ein Hinweis in eigener Sache: Wirklich modeinteressierte Fashion-Queens brauchen sicherlich keine Anleitung von mir, wie sie einen passenden Anzug finden. Die wissen, was sie wollen, wie sie es bekommen und vor allem wie sie es tragen müssen. Die können dieses Kapitel natürlich gerne überschlagen. Allen anderen modisch eher unbeleckten Jungs empfehle ich beim Anzugkauf, keine Risiken einzugehen. Lass die Couture und extreme Design hängen, auch wenn du sie dir leisten kannst, und verlange immer etwas »Klassisches«. Bestimmte Fashion-Teile kommen genauso schnell wieder aus der Mode, wie sie es geworden sind, und dann macht man sich nur lächerlich damit. Einen wahrhaft klassischen Anzug dagegen kann man beinahe sein ganzes Leben lang tragen.

Kann man einen Anzug online kaufen? Können schon, aber besser, wenn nicht! Zwar gibt es etliche Online-Anbieter für günstige Anzüge im Netz und sogar Maßschneidereien, aber die Gefahr, einen untragbaren Fetzen Stoff für 600 € zu erstehen, der an allen Ecken und Enden kneift, ist doch zu groß. Einen Anzug muss man am Leib tragen, um wirklich sehen und fühlen zu können, wie er sitzt. Im Idealfall wird er sogar an den Körper modelliert.

Es gibt zwei Arten, einen passenden schicken Anzug zu bekommen: im Kaufhaus oder beim Herrenausstatter beziehungsweise Schneider.

Im Kaufhaus kann man sich zwar fröhlich selbst bedienen und allerlei ulkige Anzugmodelle anprobieren, die nicht selten aussehen, als wären sie von bösartigen Designern entworfen worden, die in einem bulgarischen Gefängnis während einer chinesischer Wassserfolter auf die Kreation gekommen sind. Das Farbangebot bei Anzügen im Kaufhaus reicht gerne mal von silbergrau schimmernd über giftgrüne Cordanzüge bis zu »flotten« Pastellfarben – da sag ich nur: Hängen lassen! »Originell« sollte nicht das erste Wort sein, das deinen Freunden einfällt, wenn sie dich in einem Anzug sehen. Ein stilsicherer Alltagsanzug sollte grau, dunkelblau oder anthrazitfarben sein; schwarze Anzüge sind zwar auch gern gesehen, wirken aber schnell zu festlich oder als wäre man gerade auf dem Weg zur nächsten Beerdigung.

Um nicht endlos viel Zeit zu verschwenden, sollte man sich unbedingt einen fachkundigen Verkäufer an die Seite holen. Hat man auch nur im Geringsten das Gefühl, der Verkäufer weiß noch weniger als man selbst, sollte man sofort nach einem Kollegen fragen, der Anzugspezialist ist.

Lass deine Größe vom Fachmann bestimmen! Denn es ist immer besser, diese aktuell zu haben und nicht irgendeine schwammige Erinnerung an die

Konfektionsgröße des Kommunionanzugs. In den letzten Jahren haben sich nämlich die Schnitte und realen Größen der Konfektionierung ständig verändert, in der Regel sind die Kleidungsstücke enger und kleiner geworden bei gleicher Konfektionsgröße. Dazu kommt, dass jeder Designer seine eigene Idee von der idealen Größe hat. So quetscht die eine Hose in Größe 52 die Eier zu riesigen Schamlippen im Schritt, bei einer anderen Hose hängt bei Größe 52 der Hintern bis zum Knie oder wirft tiefere Falten als das Gesicht von Johannes Heesters.

Wie sitzt er denn nun – der richtige Anzug?

Der richtige Anzug sitzt locker an den Schultern, ohne zu kneifen oder überzuhängen. Übrigens nicht erschrecken, wenn bei der Anzugprobe durch die Schulterpartie ein loser weißer Faden gezogen ist. Mit diesem Faden wird die Achselnaht fixiert. Ebenso halten zugenähte Taschen und Knopflöcher die Anzugjacke in Form, bevor ein männlich starker Oberkörper diese Aufgabe übernimmt. Apropos Taschen: Kleinkram, wie Schlüssel, Handy oder Zigaretten, haben nichts in den Jackettaschen verloren. Diese beulen dadurch nur hässlich aus und ruinieren die Silhouette. Das wäre dann wahrlich nicht Sinn eines Anzugs!

Am Nacken sollte der Kragen anliegen und so hoch sein, dass noch zirka ein Zentimeter des Anzughemdes zu sehen ist. Das Revers, also der Teil des Kragens, der auf der Brust »liegt«, sollte eng an der Brust anliegen. Bei den Revers ist es wieder eine modische Frage, ob diese weit, spitz oder schmal sein sollen. Wie bereits erwähnt, beim Nachfragen des Verkäufers immer um ein ganz »klassisches« Modell bitten – damit geht man auf Nummer sicher. Abzuraten ist allerdings von kleinen abgerundeten Krägen oder Mao-Krägen der Achtzigerjahre. So was trägt man wirklich nicht mehr.

Ob ein, zwei oder drei Knöpfe, der Taillenknopf des Jackett sollte immer auf der Höhe des Bauchnabels sitzen und so zu schließen sein, dass man den Bauch nicht einziehen muss.

Wo wir gerade bei Taille sind. Ist man nun nicht gerade schwer übergewichtig und kugelrund, sollte der Anzug immer leicht tailliert sein; mit Betonung auf »leicht« – eine starke Taillierung können sich wieder mal nur perfekt proportional gebaute Herren erlauben.

Am Rücken darf der perfekte Anzug keine Falten werfen oder zu kurz sein. Er sollte so geschnitten sein, dass man gerade noch entspannt einem Gegenüber die Hand schütteln kann, ohne dass der Stoff aufreißt.

Die Ärmel sollten maximal so lang sein, dass die Manschetten des Hemds ungefähr zwei Fingerbreit herausragen. Es ist eine deutsche Unart, dass der Ärmel bis über zur Mitte des Handrückens reicht, und wird im Ausland gern belächelt.

Was man sonst noch wissen muss

Was ist eigentlich der Unterschied zwischen Einreiher und Zweireiher? Ganz einfach: Wie der Name sagt, hat der Einreiher nur eine Reihe Knöpfe vorne am Jackett, der Zweireiher eben zwei Reihen. Da der Zweireiher sehr oft in und dann wieder out ist, sollte man auf Nummer sicher gehen und sich für einen Einreiher entscheiden. Ein weiterer Unterschied, dass man den Einreiher zugeknöpft und offen tragen kann, den Zweireiher trägt man immer zugeknöpft. Entsprechend sieht er eigentlich nur richtig gut aus, wenn man ihn im Stehen trägt – bei Events, auf denen man hauptsächlich sitzt, ist also ein Einreiher vorzuziehen.

Die Art, wie ein Jackett zugeknöpft wird, ist eine Wissenschaft für sich:
- Der Zweireiher bleibt, wie bereits erwähnt, immer geschlossen.
- Beim Jackett mit zwei Knöpfen wird nur einer davon geschlossen, entweder der untere oder der obere.
- Dagegen beim Drei-Knopf-Jackett werden entweder die beiden oberen Knöpfe oder der mittlere geschlossen.
- Bei vier Knöpfen am Jackett sind es entsprechend die beiden mittleren Knöpfe oder die beiden oberen.
- Trägt man eine Weste, bleiben bis auf den unteren alle Knöpfe immer zu.

Ob man eine Weste unter einem Jackett trägt, der Anzug also ein Dreiteiler ist, hängt hauptsächlich davon ab, ob man das mag. Ein Anzug mit Weste ist zwar immer eleganter, aber auch etwas konservativer und unbequemer. Bei übergewichtigen Herren kaschiert so eine Weste aber auch ziemlich gut selbst den massivsten Bauch!

Die richtige Hose

Um die richtige Länge einer Hose zu bestimmen, sollte man unbedingt ein gutes Paar Schuhe zur Anprobe dabei haben – am besten genau die Schuhe, die man zum Anzug sowieso anziehen möchte.

Die Länge der Hose ist dann richtig, wenn sie vorne leicht auf dem Schuh aufliegt und hinten einen Knick bildet, sodass der Hosensaum mit dem Absatz abschließt.

Eine klassische Anzughose ist weder zu weit noch zu eng und sollte keine Bundfalte haben. Die Bundfalte trägt nämlich immer etwas auf. Hat man allerdings eine füllige bis fette Figur mit richtig kräftigem Hintern und Beinen, ist es wesentlich einfacher, eine passende Hose zu finden, wenn man die Bundfalte akzeptiert.

Die Bügelfalte sollte immer gerade übers Knie auf die Schuhe fallen. Abweichungen zur Seite weisen auf einen fehlerhaften Schnitt hin.

Ganz wichtig: Damit der Anzug richtig sitzt, kann es sein, dass man Hose und Jackett in unterschiedlichen Größen braucht. Also keine Scheu davor, mehrere unterschiedliche Konfektionen zu kombinieren.

Wer in einem Kaufhaus nach einem Anzug sucht, sollte sich bei der Auswahl auf klassische Marken verlassen. Bei denen kann man sich in der Regel auf ein gewisses Maß an Qualität verlassen.

Dabei ist unbedingt darauf zu achten, wie dick der Stoff ist, aus dem der Anzug geschneidert wurde. Handelt es sich um einen sehr dünnen Stoff, trägt er sich auch wunderbar leicht, wärmt aber im Winter kein bisschen und ist relativ schnell durchgewetzt. Ein zu dicker Stoff wärmt, macht aber den Träger ebenfalls etwas dicker. Nach Möglichkeit sollte man sich für einen Super-100- oder Super-120-Stoff wählen – die Zahl steht für die Feinheit der versponnenen Wolle. Super-100 bedeutet beispielsweise, dass 100 Meter des Garns 1 Gramm wiegen. Entsprechend feiner und empfindlicher ist das Garn je höher die Zahl – und meist auch entsprechend teurer.

Ideal ist es natürlich, zu einem Maßschneider wie »Kiton«, »Brioni« oder »Knize« zu gehen. Dort muss man aber leider schnell mal 10 000 Euro für einen Anzug anlegen. Dieser hat es dann aber natürlich in sich und sitzt sensationell. Bei diesen und anderen Experten wird man natürlich perfekt beraten – besser als ich es in diesem kurzen Kapitel könnte. Denn es geht ja nicht nur um den Schnitt und die Farbe, sondern auch um die Stoffqualität, das richtige Innenfutter und vieles mehr.

Apropos Innenfutter: Bei dem kann man ruhig etwas experimentierfreudig sein, da die klassische Variante oft recht langweilig wirkt. So sieht zum Beispiel ein rotes Futter in einem anthrazitfarbenen Jackett sehr cool aus. Mit etwas Farbe, die hin und wieder aufblitzt beim Tragen des Jacketts, kann man klasse individuelle Akzente setzen.

Auch die Wahl der richtigen Knöpfe ist wichtig!

Solltest du kein Kapitän auf deinem eigenen Segelschiff sein, lass die Finger von Metallknöpfen. Greif immer zu gedeckten, einfachen Knöpfen aus Horn, denn Experimente zahlen sich eigentlich nie aus und ruinieren unter Umständen den ganzen Look eines eigentlich perfekten Anzugs.

Bei den Knöpfen am Ärmelschlitz solltest du übrigens auf 5 Knöpfe »kissing« bestehen, das heißt, dass die Knöpfe eng, leicht überlappend, nebeneinander genäht werden. Das macht einen wesentlich modischeren Gesamteindruck.

Je nach Schnitt hat ein Anzug hinten entweder in der Mitte einen oder seitlich zwei Schlitze – die erleichtern das Sitzen im Jackett. Hat ein Jackett tatsächlich mal keinen Schlitz, dann ist es ein reines »Stehjacket«, das beim Sitzen unmögliche Falten werfen wird.

Und was trage ich drunter?

Mit einem weißen Hemd kann man eigentlich nie etwas falsch machen. Einen schönen Kragen sollte es allerdings haben und bei geschlossenem Jackett unbe-

dingt bis oben zugeknöpft sein. Trägt man ein modisches Jackett locker offen, dann kann auch der oberste Knopf des Hemds offen sein. Aber bitte nicht das Hemd bis unter die Brustwarzen öffnen, egal wie schön die Brustbehaarung da zum Vorschein kommt.

Generell gilt: Je offizieller ein Anlass ist, desto schlichter sollte das Hemd sein. Also, wenn karierte und gemusterte schon sein müssen, dann nur tagsüber.

Auch die Wahl der Unterhose ist nicht ohne – da geht es uns wie den Mädels. Falscher Schlüpfer und die Nähte zeichnen sich deutlich sichtbar durch den dünnen Stoff der Hose ab. Also immer eine bequeme Unterhose ohne dicke Nähte, die sich nicht »zusammenknüllen« kann, so wie es manchmal zu große Boxershorts tun.

Die Anzugsschuhe sollten eigentlich immer schwarz sein. Braune Schuhe können zum passenden Anzug auch gut sein, aber nur bis 18 Uhr. Danach heißt die offizielle Regel: Keine braunen Schuhe mehr! Turnschuhe zum Anzug werden heute zwar auch getragen, aber damit das gesellschaftlich akzeptiert wird, muss man ein sehr feines modisches Gespür dafür haben, welcher Turnschuh gerade der angesagte ist, den man zu einem trendigen Designer-Anzug tragen darf.

In den Schuhen sollte man an den Füßen lange schwarze Strümpfe tragen und unbedingt auf lustige Motiv- oder weiße Tennis-Socken verzichten. Vergreift man sich in der Wahl der Strümpfe, macht dass die ganze restliche Mühe zunichte. Also lieber kein Risiko eingehen. In den Achtzigern dachten viele Banker, sie würden sich eine besonders individuelle Note geben, wenn sie originelle Motive auf ihren dunklen Socken tragen. Der einzige Eindruck, den so ein Typ heute hinterlässt, ist der eines Vollidioten (wobei das vielleicht auch an dem Beruf des Bankers liegen kann).

Die Krawatte

Die Wahl der richtigen Krawatte ist ein riesiges Thema für sich, mit dem alleine Bücher gefüllt werden können. Deshalb hier nur die drei wichtigsten Tipps:

KRAWATTEN-TIPPS

1 Bei der Zusammenstellung der richtigen Kombination von Anzug, Hemd und Krawatte geht man immer vom größten Kleidungsstück, also dem Anzug, aus. Danach entscheidet man sich für das passende Hemd und wählt dann erst die passende Krawatte. Niemals eine Krawatte wählen und dann irgendetwas dazu anziehen.

2 Am sichersten geht man, wenn Anzug, Hemd und Krawatte ungemustert sind – also keine Streifen, Pünktchen oder Karos haben. Will man nun aber auf keinen Fall auf ein Muster an einem der Teile verzichten, gilt Folgendes: Ist ein Teil gemustert, dann sollten die anderen ungemustert sein! Schrille Farben sind immer zu meiden – die passen nur ganz selten. Es sollten aber auch nicht alle einzelnen Elemente im gleichen Farbton sein, also blaue Krawatte auf hellblauem Hemd unter blauem Anzug – so was ist einfach öde und wirkt wie das Outfit eines schlechten Comedian.

3 Keep it simple! Anzug und Hemden unifarben, dann kann man bei der Krawatte schon mal ein Experiment wagen.

Und noch ein Gratis-Tipp zum Krawatten-Binden: In meinem ganzen Leben habe ich noch keine einzige schriftliche Anleitung zum Binden der Krawatte gesehen, die ein normaler Mensch versteht. Deshalb verzichte ich hier darauf. Mein Vorschlag ist: Such dir jemand, der das für dich macht, oder lass es dir von Mutti erklären. So schwer ist es zwar nicht, aber man braucht verdammt viel Übung, um es selbst perfekt hinzubekommen.

Selbstverständlich gibt es zum Thema Anzug noch eine Million Dinge zu schreiben, an denen man sich orientieren kann oder sollte. Mit dem oben aufgeführten Grundwissen kann man aber eigentlich nichts falsch machen und findet einen Anzug, der ziemlich universell einsetzbar ist. Denn wer hat schon das Geld, sich den Kleiderschrank mit Anzügen für jede unterschiedliche Gelegenheit vollzuhängen?

SEX I

Und noch mehr wunderbare Informationen, damit man nie um ein Wort verlegen ist. Diesmal geht es um des Mannes liebstes Thema, und das ist, richtig eingesetzt, die beste Art, ein Gespräch in die richtige Richtung zu lenken.

Nein zur Onanie

Noch mal Cornflakes! Die Knusperflocken wurden tatsächlich ursprünglich von einem Arzt namens John Kellogg erfunden. Da er einer streng religiösen Gruppe angehörte, die gegen alle fleischlichen Genüsse war, vermarktete er die Dinger als Allheilmittel gegen Masturbation bei Jungs. Hat bei mir auf jeden Fall nicht gewirkt!

Gute Zeit

Im Durchschnitt verbringt ein Mann während seines Lebens ungefähr 600 Stunden mit Sex. Es wurde leider nicht erforscht, ob mehr mit Männern, Frauen oder mit sich selbst!

War's das?

Die Durchschnittszeit zwischen Eindringen und Abspritzen beim Geschlechtsverkehr beträgt zwei Minuten. Da haben die wohl nur Heteros befragt …

Leck mich!

Jeder Mann ist ein potenzieller Meister im Rimming, denn im Verhältnis zum Rest des Körpers ist die Zunge der stärkste Muskel.

Prachtstück

Nie mehr Sorgen über die Penisgröße sollten sich Männer machen. Denn proportional zum Körper gesehen, haben wir die größten Schwänze von allen Zweifüßlern.

FITTER IST BESSER – ABER JEDER ANDERS

ein guter schwuler Ratgeber kommt selbstverständlich nicht ohne einen adäquaten Fitnessteil aus. Wir alle wissen: Sport ist gesund, macht sexy und bietet in der Regel beste Gelegenheit, andere geile Typen kennenzulernen – sei es im Sportstudio oder beim Joggen im Stadtpark.

Allerdings verfehlen die meist gut gemeinten Fitness-Ratgeber oft ihr Ziel. Da philosophieren die Autoren erst das halbe Buch über Grundlagen, was, warum und wie funktioniert, um dann mithilfe einer Handvoll Übungen das eben Erklärte wieder zunichtezumachen. Erstens liest sich kaum ein Mensch tatsächlich so ein Buch komplett durch, sondern feuert es irgendwann genervt in die Ecke, weil er vom vielen Input demotiviert ist, denn die Ansprüche solcher Bücher sind oft zu hoch gesteckt. Und zweitens machen solche Ratgeber dem Leser meist vor, *jeder* könne einen tollen sportlichen Körper bekommen – dem ist aber nicht so! Je nachdem, welche Veranlagung ein Mensch hat, wird es ihm gelingen, stark muskulös oder perfekt definiert zu werden – oder eben auch nicht. Es ist nun mal eine der wunderbaren Wahrheiten der Natur, dass wir alle unterschiedlich sind. Also sprechen wir auch alle verschieden auf sportliche Betätigung an, verarbeiten Ernährung unterschiedlich und sind gar nicht alle in der Lage, ein teilweise höllisches Fitness-Pensum durchzustehen.

Um nicht einen Großteil meiner zur Verfügung stehenden Buchseiten zu verschwenden, habe ich mich im Bereich Fitness auf das Nötigste beschränkt. Denn, wann fällt dem durchschnittlichen schwulen Mann ein, dass er noch etwas für die Optimierung seines Körpers tun müsste? Genau! Ungefähr zwei Wochen vor einem geilen Event, denn da will er garantiert sein T-Shirt ausziehen.

So kam ich auf die Idee, ein Notfall-Fitness-Programm zu entwickeln, mit dem man in zwei Wochen noch das Beste aus seinem Körper herausholen kann, um eine deutlich sichtbare Verbesserung zu erreichen. Als zweiten Teil dieses

Kapitels gibt es ein Programm, mit dem jeder dem Traum »Sixpack« ein ordentliches Stück näherkommen kann. Gleichzeitig räumt es aber auch mit ein
paar Mythen diesbezüglich auf. Die größte Erkenntnis sei hier schon verraten:
Nicht jeder, der ihn gerne hätte, wird jemals in seinem Leben ein schönes Sixpack
haben. Es sei denn, er greift zu chirurgischen Hilfsmitteln!

Da mir das Wissen fehlt, so ein Programm selbst zu entwickeln, habe ich
mir die beste fachkundige Hilfe an die Seite geholt, die man sich wünschen
kann: einen Mann, der mehr über Sport weiß als ich, der jede Menge Tricks
zur Optimierung kennt und einen viel geileren Body hat als ich – also Know-
how und Sex in einer Person vereint!

WER IST THOMAS WENZL?

Ich hatte das Glück und die Freude, Thomas Wenzl
vor ein paar Jahren kennenzulernen. Zu dieser Zeit
hatte ich schon jede Menge Orthopäden und The-
rapeuten aufgesucht in der Hoffnung, meine stän-
digen Rückenschmerzen ohne Operation in den
Griff zu bekommen (ich langweile jetzt mal nicht
mit Details). Ein Freund hatte mir dann Thomas
als Masseur empfohlen. Schon beim ersten Besuch
fand er heraus, was mit meinem Rücken nicht in
Ordnung ist, und bot mir an, eine spezielle Behandlung durchzuführen. Seither bin ich so gut
wie durchgängig schmerzfrei. Also, der Mann versteht was von seinem Handwerk. Gleichzeitig ist
er aber auch ein begnadeter Personal Trainer. Ich
selbst habe die Vorher-/Nacher-Ergebnisse einiger
Jungs gesehen, die von ihm trainiert wurden, und
ich kann nur sagen: Respekt!

Der einzige Nachteil an diesem Wundermann? Er ist furchtbar eitel, und
wehe man kritisiert seine Frisur …

Für alle, die gerne ein paar handfestere Daten über den jungen Mann haben
möchten als meine Lobeshymnen: Sein umfassendes Verständnis fürs Training
kommt daher, dass Thomas selbst lange Zeit ernsthafter Bodybuilder war und
jede Menge Preise abgeräumt hat. Sportlicher Höhepunkt für ihn war sicher-

lich 2004 der 2. Platz beim Mr. Universe Contest! Diese Leistung spricht wohl für sich, oder?

Neben der rein sportlichen Erfahrung hat er ein ganzheitliches Wissen darüber, wie ein Köper auf Training reagiert und was jeder Einzelne genau braucht. Das kommt daher, dass er ausgebildet ist als Diplommasseur, Lebensenergieberater und geschult in Cranio Sacrale.

Laut seiner eigenen Aussage gehört für Thomas Wenzl beim Sport »der rein körperlich mechanische und der feinstoffliche Körper unbedingt zusammen, um ein gutes gesundes Leben zu führen. Jedes neue Training ist eine große Ehre und ein Privileg« für ihn. Seine Freude am Sport und den Fortschritten seiner Kunden durfte ich mehr als einmal selbst erleben, deshalb lasse ich meinen ganzen schwulen Zynismus jetzt mal stecken und sage ganz ehrlich: Ich bin dankbar, dass er mir als Berater und Fotomodel für dieses Buch zur Seite stand.

DAS REBEL-WENZL-14-TAGE-NOTFALL-PROGRAMM ZUR FIGUR-OPTIMIERUNG

Man kennt das ja – zu viel stressige Arbeit, zu viel schlechtes Essen und viel zu viel Abhängen in der Kneipe. Ehe man sich versieht, steht die heißeste Party des Jahres vor der Tür, und man hat es wieder nicht ins Sportstudio geschafft. Jetzt hilft nur noch ein absolutes Notfallprogramm, um in den verbleibenden 14 Tagen bis zum großen Event das Beste aus sich herauszuholen.

Zwar wird einen dieses Training nicht in kürzester Zeit von einer schwabbeligen Tonne in einen kalifornischen Sunnyboy verwandeln, aber es ist doch überraschend, wie viel man mit etwas Disziplin und dem richtigen Know-how noch erreichen kann.

Achtung: Nachmachen erfolgt absolut auf eigene Gefahr!

Selbstverständlich hängt das Ergebnis eines Trainingsprogramms immer von der Ausgangslage ab. Ein Mann, der 180 Zentimeter groß und 76 Kilo schwer ist, regelmäßig Sport treibt und gesund lebt, wird natürlich anders auf das Programm ansprechen, als ein Zwei-Meter-Mann mit 150 Kilo, dessen einzige sportliche Betätigung der Gang zum Kühlschrank ist, um das nächste Bier zu holen.

Die wichtigste Zutat für dieses Programm ist allerdings Disziplin! Wer die nicht hat, braucht gar nicht erst damit anzufangen, denn in dem kurzen Zeitraum von 14 Tagen zerstört ein einziger Fehltritt alles, was man bis dahin erreicht hat.

Einige Besserwisser werden jetzt sicher denken: »Was soll man denn in 14 Tagen schaffen können? Da geht doch nix!« Geht doch!

In den 2 Wochen des Programms arbeitet man hauptsächlich mit dem Wasserhaushalt des Körpers, und da geht eine ganze Menge. Besonders optisch passiert viel, wenn man Wasser verliert. Erst danach wird ja das Fett angegangen. Deshalb merke: Zöge man das Programm länger durch, würde auch jede Menge Fett von den Hüften schmelzen. Dafür ist aber die richtige Mischung aus Ernährung und Training wichtig, um ein optimales Ergebnis zu erhalten.

Im Anschluss an dieses Kapitel habe ich den von Thomas ausgearbeiteten Ernährungsplan aufgeführt, den man wunderbar als Richtlinie benutzen kann – Service frei Haus nennt man das, so spart man sich das öde Kalorienzählen.

Unser Plan ist absolut praxisbezogen und mehrfach erfolgreich erprobt. Er funktioniert zu 100 Prozent, so viel kann ich versprechen – nur wie spektakulär das jeweilige Ergebnisse ist, hängt eben von Mann zu Mann und dessen Einstellung und Konstitution ab.

Oberste Priorität beim Expresstraining hat die Zufuhr von Vitamin C. Aber bitte nicht als billiges Pulver – das wird nämlich in der Regel aus Schimmelpilzen gewonnen. Stattdessen sollte es dem Körper durch entsprechend reichhaltige Lebensmittel zugeführt werden. Vitamin C beschleunigt nämlich den Stoffwechsel und gibt somit das im Körper gebundene Wasser frei. Dadurch verliert er relativ schnell eine Menge Masse und erhält eine feinere Definition – entsprechend bekommt der Körper ein schöneres Aussehen.

Während man möglichst viel Vitamin C zu sich nehmen sollte, ist der Verzicht auf Kohlehydrate mindestens genauso wichtig. Denn die fiesen kleinen Kohlehydrate binden das ganze Wasser wieder fest im Körper, das man doch gerade versucht auszuschwemmen.

Noch mal, damit das ganz klar ist: Während dieses Trainings muss man wirklich streng zu sich selbst sein, um einen durchschlagenden Erfolg verbuchen zu können – aber so lange sind 2 Wochen ja dann auch wieder nicht.

Das Körpertraining wird an 5 Tagen in der Woche durchgezogen. An den beiden freien Tagen sollte nur spezielles Schwachstellentraining absolviert werden. Die eigenen Schwachstellen erkennt ja jeder für sich selbst, d. h. hängen die Brustmuskeln etwas zu schlaff herunter, bitte gezielt diese noch mal trainieren.

Das Ausdauertraining ist *jeden* Tag Pflicht. Denn je mehr der Körper durchblutet wird, desto effizienter arbeitet unter anderem das Lymphsystem, das das überschüssige Wasser freigibt.

Das tägliche Ausdauertraining findet am besten auf wechselnden Geräten statt, so wird aufkommende Langweile vermieden. Prinzipiell kann man natürlich alle Cardio-Geräte benutzen, aber erfahrungsgemäß ist eine Mischung aus Rad-Ergometer und Stepper eine sinnvolle Sache.

Auf dem Stepper verbraucht man mehr Kalorien, so um die 300 Kalorien pro Stunde, aber beim richtigen Radfahren wird der Körper besser durchblutet, was wiederum zu einem besseren Flüssigkeitsaustausch führt.

Idealerweise sieht das Radtraining über 35 Minuten so aus:
- 3 Minuten aufwärmen
- 7 Minuten mit Puls 120
- 2 Minuten Vollgas – alles, was der Körper hergibt
- 7 Minuten mit Puls 120
- 2 Minuten Vollgas – alles, was der Körper hergibt
- 7 Minuten mit Puls 120
- 2 Minuten Vollgas – alles, was der Körper hergibt
- 5 Minuten Cool-down.

Ein Puls von 120 ist hierbei eine generelle Richtlinie – hat jemand bestimmte Krankheiten, lebt ungesund, ist besonders alt oder jung, sollte er *immer* einen Arzt konsultieren, bevor er irgendeine Art Training aufnimmt. Ein Arzt kann nicht nur den besten Trainingspuls bestimmen, sondern auch erkennen, ob ein bestimmtes Training eher schadet, als dass es nützt.

Die Abwechslung zwischen fettverbrennenden Übungen und Herz-Kreislauf-Training ist die effektivste Methode, um Schlacken aus dem Körper zu schwemmen. Der Körper wird dabei gezwungen, vermehrt Sauerstoff zuzuführen, erweitert dadurch die Kapillargefäße und sorgt so für eine bessere Durchblutung. Das Ganze ist höllisch anstrengend, aber der Erfolg wird einem recht geben, wenn man dann auf der Party irgendwann schwer betrunken sein T-Shirt auszieht.

VON MANN ZU MANN

Das Muskeltraining

Als Ergänzung zum Ausdauertraining muss man natürlich intensiv an seinen Muskeln arbeiten. Wenn schon das Wasser schwindet, dann soll ja schließlich auch etwas Schönes zum Vorschein kommen.

Beim Muskeltraining gibt es, anders als bei der Ausdauer, 2 Tage in der Woche frei – es werden also nur 5 Tage am Stück die Eisen geschwungen. Ein Übertraining ist trotz des intensiven Pensums unwahrscheinlich, da man sich dieses harte Work-out ja nur 2 Wochen antun sollte.

Pro Satz sollten 15 Wiederholungen eingehalten werden. Dabei ist natürlich immer auf die eigene Konstitution zu achten.

Wer möchte nicht die Figur einer griechischen Götterstatue haben? Deshalb orientiert sich das Muskeltraining am Vorbild von Doryphoros – auch bekannt als der »Speerträger«. Den Namen hat zwar gemeinhin kaum einer parat, aber die Statue hat so ziemlich jeder schon mal gesehen und sicherlich auch bewundert. Nachschlagen lohnt sich für einen attraktiven Trainingsanreiz.

Die Figur von Doryphoros gilt als das Ideal für den Körperbau des Mannes schlechthin. Um die Proportionen dieses leckeren Vorbilds auf sich selbst zu übertragen, gelten folgende – ungefähren – Richtlinien:

- Die Taille sollte zirka 30 Zentimeter schmaler sein als die Brust/Schulter.
- Nacken, Bizeps und Wadenumfang sollten ungefähr der Hälfte der Taille entsprechen.
- Die Schenkel sollten ungefähr den anderthalbfachen Umfang der Waden an ihrer dicksten Stelle haben.

Klingt ein wenig entmutigend, oder? Aber es ist doch besser, sich das absolute Ideal zum Vorbild zu nehmen, als immer nur kleine Brötchen backen zu wollen. Deshalb – auf zu den Übungen!

Ich verzichte bewusst auf Kilogrammangaben für die Gewichte. Jeder muss für sich selbst herausfinden, wie schwer er welche Übung ausführen kann. Als Grundregel gilt: Das Gewicht, das man gerade noch mit letzter Kraft fünfzehnmal bewegen kann, ist das richtige.

Der Nacken

Jedes Training am Nacken muss äußerst umsichtig und bewusst ausgeführt werden, also keine ruckartigen oder schnellen Bewegungen! Die ständige Kontrolle der Ausführung ist enorm wichtig, um etwaige Verletzungen zu vermeiden!

Nur wenige Sportstudios haben eine richtige Nackenmaschine im Angebot. Deshalb ist der einfachste Weg, sich einen breiten Nacken anzutrainieren, folgender: Achselzucken!

Dazu stellst du dich vor einen Spiegel, um deine Bewegungen genau kontrollieren zu können, dann greifst du eine lange Hantelstange von oben mit beiden Händen und lässt sie vor deinem Körper runterhängen. Aufrecht stehen und – ohne die Arme einzubeugen – die Schultern langsam in Richtung Ohren ziehen. Kurz halten und wieder absenken.

Davon 2 Sätze à 15 Wiederholungen.

Der Bizeps

Um die Oberarme effektiv zu trainieren, setzt du dich so auf eine Schrägbank, dass die Arme rechts und links hinter dem Körper gerade nach unten hängen. Dabei zeigen die Handinnenflächen nach vorne. In jeder Hand hältst du eine Kurzhantel mit dem für dich passenden Gewicht. Dann langsam den Arm nach oben beugen und wieder absenken. Die Auf-Bewegung sollte dabei 2 Sekunden, die Ab-Bewegung 4 Sekunden dauern. Bei der Übung muss nicht die komplette Beugung des Arms in die Gestreckte genutzt werden. Es reicht, die Bewegung nur in dem Bereich auszuführen, in dem der Bizeps voll angespannt ist. So vermeidet man Überdehnung oder Gelenkprobleme. Von dieser Übung drei Sätze wiederholen!

Die Brust

Die beste Übung für die Brust ist immer noch das Bankdrücken, entweder mit einer Langhantel oder zwei Kurzhanteln. Dabei liegst du stabil auf dem Rücken auf einer geraden Bank, die Gewichte werden auf Höhe der Brustwarzen gehalten, um sie dann mit Druck aus der Brust nach oben zu stemmen. Ohne Pause langsam wieder absenken. Wichtig dabei ist, die Bewegung aus der Brust bis zum Ende durchzuführen, also gegen Ende der Bewegung noch mal richtig aus der Brust »nachzuschieben«, anstatt nur die Arme durchzudrücken. Diese Übung beginnst du mit einem Aufwärmsatz von 15 Wiederholungen mit 70 Prozent deines eigentlichen Trainingsgewichts. Dann noch mal 3 ganze Sätze mit vollem Gewicht!

Die Unterarme

Oft sträflich vernachlässigt, aber für das Erscheinungsbild eines richtigen Kerls unverzichtbar sind die Unterarme. Diese trainiert man am besten mit der sogenannten »Faustrolle«. Das geht perfekt an einem Seilzug, dessen Gelenk in Bodennähe angebracht ist, sodass der Zug des Seils nach oben geht. Alternativ geht auch ein Gewicht, das an einem Seil mit Griff hängt – oder etwas schwerer mit einer Langhantel, die man mit beiden Händen von oben umgreift.

Dann werden die Arme nach vorne gerade ausgestreckt, sodass das Gewicht nach unten zieht. Anschließend wird das Handgelenk nach unten abgerollt, sodass das Gewicht auf- und absinkt. Das Ganze wiederholt man, so oft man kann. Gerade bei dieser Übung wird man schnell feststellen, welcher geniale Effekt bereits diese relativ kleine körperliche Veränderung bringt.

Der Hintern

Die beste Übung für einen knackigen Hintern – und eine der besten Trainingsübungen überhaupt – sind »Squads«, auch Kniebeugen genannt. Die Füße flach auf dem Boden, das Gewicht in den Händen gehst du langsam in die Hocke, bis die Oberschenkel beinahe parallel mit dem Boden sind. Das Gewicht bleibt dabei auf den Fersen, nicht auf den Ballen, und die Knie bleiben in einer Geraden mit den Füßen. Die Kniescheiben dürfen dabei auf keinen Fall über die Zehen hinausragen. Aus dieser Position langsam wieder in die Aufrechte zurückkehren. Langsame, kontrollierte Bewegungen sind der Schlüssel zum Erfolg dieser Übung, sodass alle Elemente perfekt zusammenarbeiten.

Du beginnst wieder mit einem Aufwärmset von 15 Wiederholungen mit 70 Prozent des eigentlichen Trainingsgewichts. Dann 3 Sets mit 15 Wiederholungen und vollem Gewicht.

Achtung: Hast du Rücken- oder Knieprobleme, dann mach nur einen halben »Squad« – also nur so weit absinken, bis die Oberschenkel einen 30^0-Winkel zum Boden haben.

Die Waden

Diese Übung funktioniert prima an einer Stufe. Stell dich auf den Rand der Stufe, sodass die Fersen frei in der Luft stehen. In den Händen hältst du entsprechende Gewichte. Dann geh auf die Zehenspitzen, kurz halten, langsam wieder in die Ausgangsposition und ohne Unterbrechung die Fersen absenken. Wieder eine kurze Pause und zurück in die Ausgangsposition. Davon machst du 2 Sets mit jeweils 15 Wiederholungen!

Die Taille

Die alten Griechen hatten relativ breite, feste Taillen, da sie diese speziellen Muskeln fürs Diskuswerfen, den Weitsprung und das Ringen brauchten. Damit die Taille nicht übermäßig kräftig wirkt, muss sie immer im richtigen Verhältnis zur Brust stehen. Passt da alles, gibt es kaum etwas, das geiler wirkt als der fest trainierte Mittelteil eines Mannes. Der sorgt nämlich nicht nur für optischen Genuss, sondern auch dafür, dass ein Kerl aufrecht und gerade geht und steht, da die Taille dem Oberkörper perfekte Stabilität gibt.

Die Taille trainiert man über die seitlichen Bauchmuskeln. Dafür legst du dich auf den Rücken, die Unterschenkel so auf einem Stuhl abgelegt, dass an den Knien ein 90°-Grad Winkel entsteht. Langsam hebst du dann den Oberkörper vom Boden ab, mit einem genau erspürten Zug aus den Bauchmuskeln. Wenn du spürst, dass du den Oberkörper nicht höher bekommst, dreh ihn langsam nach rechts, als wolltest du deinen linken Ellbogen zum rechten Knie bringen. Dreh dich wieder zurück zur Mitte und senke den Oberkörper zum Boden ab. Dann wiederholst du das Gleiche zur anderen Seite, also rechter Ellbogen zum linken Knie – das war dann eine Wiederholung. Davon machst du jeweils 20 bis 25 Wiederholungen in 4 Sätzen.

Die Oberschenkel

Für schön trainierte Oberschenkel stellst du dich gerade hin, rechts und links eine Hantel in den Händen. Dann machst du einen Ausfallschritt mit dem rechten Bein nach vorne und zwar so, dass das Knie 90 Grad gebeugt ist. Während dieser Bewegung senkst du das linke Knie Richtung Boden. Aus dieser Haltung drückst du dich zurück in die Ausgangsposition und wiederholst die gleiche Bewegung mit einem Ausfallschritt zur linken Seite – das ist dann eine Wiederholung! Davon machst du einmal 15 Wiederholungen.

Achtung: Solltest du Knie- oder Rückenprobleme haben, halte es wie bei den Squads und mach nur die halbe Bewegung. Also einen »kleinen« Ausfallschritt.

Ein kleiner Tipp von Thomas: Solltest du spüren, dass du einen starken Kräfteabfall beim Training hast, dann halte einen Löffel Honig bereit. Am besten in einem kleinen Dosierfläschchen.

OPTIMIERUNG

Ein effektives Notfallprogramm wäre keines, wenn es nicht noch ein paar Tricks zur Optimierung beinhalten würde: Damit deine Figur wirklich bestmöglich optimiert wird, wird der Wasserhaushalt in den letzten Tagen so weit reduziert, dass selbst die kleinste Muskelentwicklung zum Vorschein kommt.

Dazu gehst du folgendermaßen vor: Ist die geilste Party des Jahres zum Beispiel an einem Samstag, trinkst du von Dienstag bis Freitag nur Tee und Wasser in rauen Mengen – fünf bis sechs Liter am Tag (kann bei dem enormen Trainingspensum sowieso nicht schaden!). Gegessen wird ganz nach Plan.

Ab Freitagmittag trinkst du dann nichts mehr. Stattdessen nimmst du irgendein pflanzliches Entwässerungsmittel zu dir, beispielsweise Wachholderbeeren. Das führt dazu, dass der Körper Wasser ausscheidet wie ein Wasserfall – es kann also nicht schaden, schon mal ein gutes Buch auf der Toilette bereitzulegen.

Freitagnachmittag gibt es dann erstmals wieder ein paar Kohlehydrate zu essen wie Reis oder glutenfreie Pasta. Das wirkt dann wie regelrechtes Muskelfutter und wird sie so richtig zur Geltung bringen.

Getrunken wird erst wieder ein wenig am Samstagmittag. Schüttest du dir dann abends die harten Drinks in den Rachen, lässt das »die Muskeln regelrecht Samba tanzen«, wie Thomas Wenzl es so schön formuliert.

EIN WICHTIGER WARNHINWEIS

Es kann während dieses Trainingsprogramms, besonders am Anfang, zu leichtem Schwindel kommen. Schließlich entzieht man dem Körper jede Menge Zucker, und das verwirrt diesen doch sehr. Man gleicht diesen Mangel aber über die erhöhte Vitaminzufuhr aus, sodass sich das unangenehme Gefühl recht schnell wieder legen müsste.

Insgesamt ist das Programm auch eine sensationelle Reinigung für den ganzen Körper, da jede Menge Schlacken und Schadstoffe ausgeschwemmt werden. Aber: Hat man irgendwann in den 2 Trainingswochen ernsthafte Beschwerden, sollte man das Programm natürlich abbrechen und mit seinem Arzt darüber sprechen.

MAHLZEIT! – DER ERNÄHRUNGSPLAN

Ein guter Trainingsplan wirkt natürlich nur so gut, wie die entsprechende Ernährung darauf abgestimmt ist.

Damit unser Notfall-Trainingsplan für die Figur beste Resultate erzielt, hat Thomas Wenzl einen Essensplan ausgearbeitet, mit dem es noch schneller geht.

Wie immer ist dabei zu beachten, dass jeder Körper anders auf Ernährung reagiert. Speisen werden unterschiedlich verarbeitet, Kalorien anders gespeichert und Energie verschieden aus den Nährstoffen gezogen. Deshalb verzichte ich bewusst auf seitenlange Angaben von Eiweißen, Fetten oder Sonstigem. Dieser Ernährungsplan ist eine Richtlinie, an der sich jeder orientieren kann, aber nicht sklavisch daran halten muss. Finde durch Ausprobieren heraus, was dir persönlich besser oder schlechter bekommt!

ESSENSPLAN FÜR DAS REBEL-WENZL-14-TAGE-NOTFALL-PROGRAMM

Frühstück	200 g Sauerkraut, 50 g Knäckebrot, 100 g Gurken
Zwischenmahlzeit	500 ml Buttermilch, 200 g Ananas
Mittag	300 g Dorsch, 200 g Broccoli, 200 g Äpfel
Zwischenmahlzeit	500 ml Buttermilch, 200 g Banane
Abendessen:	300 g Putenbrust, 200 g Eisbergsalat
Frühstück	200 g Sauerkraut, 50 g Knäckebrot, 100 g Gurken
Zwischenmahlzeit	500 ml Buttermilch, 300 g Heidelbeeren
Mittag	200 g Rinderhack, 200 g Broccoli, 200 g Äpfel
Zwischenmahlzeit	200 g Frischkäse, 100 g Gurken
Abendessen	300 g Dorsch, 200 g Eisbergsalat
Frühstück	200 g Sauerkraut, 100 g Gurken, 50 g Vollkornbrot
Zwischenmahlzeit	500 ml Buttermilch, 300 g Heidelbeeren
Mittag	300 g Putenbrust, 200 g Eisbergsalat
Zwischenmahlzeit	200 g Frischkäse, 200 g Gurken
Abendessen	200 g Rinderfilet, 200 g Zucchini
Frühstück	200 g Sauerkraut, 100 g Gurken, 50 g Vollkornbrot
Zwischenmahlzeit	200 g Frischkäse, 100 g Gurken
Mittag	300 g Tintenfisch, 200 g Broccoli
Zwischenmahlzeit	200 g Frischkäse, 100 g Gurken
Abendessen	300 g Putenbrust, 200 g Spargel
Frühstück	200 g Sauerkraut, 100 g Gurken, 50 g Vollkornbrot
Zwischenmahlzeit	200 g Frischkäse, 100 g Gurken
Mittag	300 g Dorsch, 200 g Spargel
Zwischenmahlzeit	200 g Frischkäse, 200 g Gurken
Abendessen	300 g Putenbrust, 200 g Eisbergsalat

DER SIXPACK FÜR DEN SEX-ACT

Das ultimative Statussymbol eines fitten schwulen Mannes ist wohl das Six-pack – mal abgesehen von der Bärenfraktion, die der Welt lieber eine große behaarte Fettkugeln überm Gürtel als erotisches Balzsignal präsentiert.

Für den größeren Teil der männlichen Weltbevölkerung gibt es allerdings keine Armbanduhr, kein Auto und keine Markenjeans, die so gern und so häufig präsentiert werden wie sexy trainierte Bauchmuskeln – sofern man sie hat.

Nun gibt es unzählige Bücher, DVDs und wohlmeinende Artikel in Männerzeitschriften, die jede Menge Top-Secret-Tricks verraten, wie man einfach an die begehrten Rillen am Bauch kommt. Tja, wenn es doch so einfach sein soll, ist es doch merkwürdig, dass trotzdem nur verhältnismäßig wenige Kerle so richtig schöne Bauchmuskeln haben. Sooooo einfach kann es also nicht sein. Ist es auch nicht! Ganz im Gegenteil, ein Sixpack zu kriegen, kann sauschwer sein, wenn die Natur dich nicht zu den wenigen Auserwählten erkoren hat, für die es ein Kinderspiel ist.

Um ein ordentliches Sixpack zu bekommen, reicht es nämlich nicht, nur die Bauchmuskeln richtig zu trainieren! Damit man das sexy Kunstwerk auch bewundern kann, muss ein Körper 10 Prozent oder weniger Körperfett haben. Erst dann sieht man selbst in entspannter Haltung aus wie ein Sexgott. Jedes weitere Gramm Körperfett legt sich wie eine verhüllende Decke über die kleinen Muskelstränge und macht die harte Arbeit kaputt. Mit den richtigen Übungen geht also auch noch eine strenge Diät einher. Um den Körperfettanteil ordentlich nach unten zu bekommen, empfiehlt sich eine ausgedehnte Diät oder ordentliches Fasten. Dabei verliert man nämlich Unmengen an Wasser und Körperfett – beides ganz schlimme »Sixpack-Verhüller«!

Ansonsten gilt es, unbedingt auf eine kohlehydratarme Ernährung zu achten. In einer aktuellen Studie wurde belegt, dass gerade übergewichtige Männer durch den Verzicht von Kohlehydraten bis zu dreimal mehr Fett in der Körpermitte verlieren als allein durch fettarme Ernährung!

Unter anderem sind folgende Lebensmittel unbedingt zu vermeiden, um irgendwann die schön antrainierten Muskeln unter der Haut tanzen zu sehen:

Ganz schlecht:

- Weißbrot und Brot
- Reis
- Kartoffeln
- Zucker
- Weiße Nudeln
- Fast Food / Pizza
- gesättigte Fette
- Kohlensäurehaltige Erfrischungsgetränke
- Isoglucose oder Cornsirup (einfach die Inhaltsstoffe eines Lebensmittels checken und überrascht sein, wo das alles drin ist)

Sehr gut:

- Hähnchenfleisch
- Fisch und andere proteinreiche Kost
- mageres Fleisch
- Gemüse und Früchte
- Nüsse
- Haferflocken
- Hüttenkäse
- Magerquark
- Olivenöl
- Vollkornbrot/-gebäck

So, und jetzt kommt die bittere Wahrheit: Nicht jeder Mann hat ein richtig schönes Sixpack in sich schlummern. Die Bauchmuskeln bestehen aus unterschiedlichen Muskelgruppen, die von Mann zu Mann unterschiedlich positioniert sind. Da kann es schon vorkommen, dass die geraden Muskeln sich beispielsweise nicht wie Rillen über den Bauch ziehen, sondern versetzt zueinander liegen. Es kann auch sein, dass die schrägen Bachmuskeln (optisch) viel zu hoch am Körper sitzen – je nachdem, wie es Mutti Natur eben eingerichtet hat, ist selbst ein fettfreier Blick auf die trainierte Körpermitte nicht immer eine optische Offenbarung. Hat man keinen natürlich schönen Wuchs, dann nützt auch das härteste Training nichts. Aber mal ehrlich, es kommt ja nicht *nur* auf die Bauchmuskeln an. Beim richtigen Training verändert sich ja auch der ganze Körper zum Vorteil. So wird dann das Komplettpaket zur leckeren Schnitte und nicht nur zum Vorzeige-Sixpack-Langweiler.

Da ich nicht vollkommen desillusionieren will über den Mythos »Sixpack«, hier die Grundlagen:

Geile Bauchmuskeln 1

Achte auf deine Atmung!

Niemals die Luft anhalten. Beim Anspannen der Bauchmuskeln ausatmen, beim Entspannen entsprechend einatmen.

Geile Bauchmuskeln 2

Achte auf dein Tempo!

Je langsamer man eine Übung ausführt, desto intensiver ist ihre Wirkung. Es geht nicht um einen Geschwindigkeitsrekord beim Training, sondern um das konzentrierte und bewusste Ausführen der Übung. Sollte die Übung zu leicht gehen, kannst du natürlich noch Gewichte zusätzlich benutzen. Hol dir dann aber Hilfe bei einem Trainer.

Geile Bauchmuskeln 3

Achte auf deine Kraft!
Hast du das Gefühl, es geht nicht mehr, dann mach deine Übung trotzdem so lange weiter, bis wirklich nichts mehr geht. Überwinde deinen inneren Schweinehund! Du hast mehr Kraft, als du glaubst. Nur mit äußerster Disziplin (und leider auch fiesem Muskelkater) lässt sich ein geiles Sixpack erreichen. Für das richtige Muskelwachstum sind nämlich gerade die letzten schmerzhaften Wiederholungen die wichtigsten.

Geile Bauchmuskeln 4

Achte auf die richtige Vorbereitung!
Wärme dich unbedingt vor dem Bauchmuskeltraining auf. 20 Minuten Ausdauertraining sollten schon drin sein. Denn erst nach dieser Zeit beginnt der Körper, Fettreserven anzugreifen. Sieh es, als würdest du zwei Fliegen mit einer Klappe schlagen: Zum einen werden die Muskeln auf die kommende Anstrengung vorbereitet und die Verletzungsgefahr minimiert. Zum anderen verlierst du dabei das gefürchtete Körperfett.
Probier es mal mit Seilspringen – es gibt kaum ein effektiveres Training, und man gerät dabei nicht in Versuchung, unsauber zu arbeiten, wie es gerade auf Fahrrädern gerne schnell passiert. Außerdem wird der ganze Körper dabei trainiert. Das Ganze dann noch auf nüchternen Magen und dem ersehnten Körperfettanteil von unter 10 Prozent steht nichts mehr im Weg!

Geile Bauchmuskeln 5

Achte auf deine Haltung!
Der untere Rücken sollte immer fest auf einer Unterlage liegen und sich während der Übung nicht abheben – außer natürlich, es ist Teil der Übung. Das Becken dabei immer in Richtung Nabel gedrückt halten, so behält man automatisch die ideale Haltung.
Um zu verhindern, dass du den Kopf nach oben reißt, hältst du die Hände besser an die Ohren als an den Nacken. Der Blick sollte immer zur Decke gerichtet und zwischen Kinn und Brust eine Handbreit Abstand sein.

Konzentrier dich auf die Übung! Die Bewegung einer Übung muss auch in den Bauchmuskeln zu spüren sein. Höre dazu genau in deinen Körper und versuche, die Muskeln isoliert zu spüren.

Geile Bauchmuskeln 6

Achte auf Abwechslung!

Muskeln sind wie Kinder, die unter Aufmerksamkeitsdefizit leiden – sie wollen immer Abwechslung. Bei Routine schalten sie ab und arbeiten nur noch mit dem Bruchteil der zur Verfügung stehenden Kraft – entsprechend schwächer fällt das Ergebnis aus. Variiere also jedes Mal die Übungen.

Wechsel auch innerhalb eines Trainingspensums ab: Also zuerst die unteren Bauchmuskeln trainieren, dann die seitlichen, dann die oberen. Lege aber den Schwerpunkt jeden Tag auf eine andere Gruppe!

Geile Bauchmuskeln 7

Achte auf den Rücken!

Vergiss nicht, den Rücken zu trainieren, da sonst das Gleichgewicht zwischen Bauch- und Rückenmuskeln verloren geht. Beide Muskelgruppen stehen in direkter Abhängigkeit zueinander.

Geile Bauchmuskeln 8

Achte auf die Realität!

Bitte nie vergessen: Jeder reagiert anders auf Sport. Bei dem einen schlagen bestimmte Übungen sofort an, ein anderer dagegen muss sich endlos abmühen, um nur das halbe Ergebnis zu erreichen. Es ist wichtig, auf die Signale seines Körpers zu achten: Welche Übung wirkt gut, welche nicht, wo sehe ich ein gutes Ergebnis, wo nicht.

Nicht gleich die Flinte ins Korn werfen. Die Mühe lohnt sich, denn so ein leckeres Sixpack ist ein wahrer Sexmagnet!

Geile Bauchmuskeln 9

Achte auf den Spaß!

Egal, wie hart das Training ist, wenn du keinen Spaß mehr an der Sache hast, wird dich das Ergebnis auch nicht zufriedenstellen. Versuch, dir die Sache so angenehm wie möglich zu machen – auch wenn das manchmal schwerfallen wird.

WIE OFT WIRD TRAINIERT?

In den ersten paar Wochen sollte man jeden zweiten Tag ein intensives Bauchmuskeltraining absolvieren. Spürt man, dass die Muskeln stärker werden, erhöht man das Pensum auf ein tägliches Training. Ein Übertraining ist relativ unwahrscheinlich, da die Bauchmuskeln eine kürzere Regenerationsphase haben als andere Muskeln. Gönn dir aber spätestens alle 4 Wochen ein paar Tage Ruhe, um vom Training nicht komplett ausgelaugt und genervt zu werden.

Mach pro Übung 20 bis 25 Wiederholungen. Das mag wenig klingen, aber wenn du die Übung ganz bewusst und langsam ausführst, wirst du locker an deine Schmerzgrenze kommen. Der Trick an der Sache ist, nicht immer mehr Wiederholungen zu schaffen, sondern eine einzelne Übung immer langsamer auszuführen. Denn wer mehr als 25 Wiederholungen macht, der trainiert eher die Muskelausdauer als deren Wachstum. Deshalb die Übung schwerer machen und die Muskeln noch intensiver kontrahieren, damit man wirklich nur 20 Wiederholungen schafft.

JETZT GEHT'S LOS – DIE ÜBUNGEN!

Auf den folgenden Seiten präsentieren Thomas und ich dir unser Bauchmuskelprogramm. Wer sich dieses Programm zu Herzen nimmt, der wird seinen Traum vom Sixpack garantiert ein Stück näherkommen.

Die 13 Übungen werden zum besseren Verständnis mit Fotos von Thomas illustriert. Achte darauf, dass du die Übungen exakt so durchführst, wie wir sie beschreiben.

Der Käfer

Der Superstar unter den Bauchmuskel-
übungen! Das ist das Ergebnis einer
amerikanischen Untersuchung zu den
gängigsten Übungen und ihrer Wirkung.
Dabei wurde der »Käfer« als die effektivste Übung überhaupt ermittelt, um
sich erfolgreich ein Sixpack anzutrainieren. Leider ist sie aber auch eine der
schwersten und deshalb nur für fortge-
schrittenes Training zu empfehlen, wenn
die Bauchmuskeln schon eine gewisse
Grundstärke haben.

• Beim Käfer liegt man auf dem Rücken,
die Hände hinter den Ohren, Ellbogen
weit gespreizt. Dann das rechte Knie an
die Brust ziehen, gleichzeitig den linken
Ellenbogen zu diesem Knie führen.

• Dann das rechte Bein wieder strecken
und in einer flüssigen Bewegung das
linke Knie zum rechten Ellenbogen
ziehen.

• Diese Übung unbedingt langsam und
konzentriert ausführen. Der untere Rücken muss immer am Boden bleiben!

Der Hardcore-Käfer

Der »normale« Käfer ist dir nicht genug?
• Du liegst auf dem Rücken, die Arme
sind zur Seite ausgestreckt.
• Dann richtest du den Oberkörper auf
und ziehst gleichzeitig das rechte Bein
zur Brust. Dabei drückst du mit den
Händen von der Seite nach vorne wie
gegen eine unsichtbare Wand.
Das linke Bein schwebt währenddessen
ausgestreckt flach über dem Boden.
Für 5 Sekunden halten.
• Dann das Bein wieder langsam strecken, Arme in die Ausgangsposition.
• Das Gleiche mit dem linken Bein wiederholen – das war dann eine Übung.
Davon bitte 25 Stück! (Wer das locker
schafft, der hat höchstwahrscheinlich
schon ein richtig leckeres Sixpack. Das
will ich sehen! Schick den Bildbeweis
an: svenrebel@web.de!)

Die Bauchpresse

• Du liegst auf dem Rücken, die Füße auf einen Stuhl abgelegt – und zwar so, dass die Beine einen Winkel von 90 Grad bilden (für Fortgeschrittene entfällt der Stuhl, die Füße werden frei in der Luft gehalten).

• Die Arme nach vorne strecken und langsam erst den Kopf, dann den Nacken und die Schultern vom Boden abheben und einrollen – so als wolle man das Kinn in Richtung Brust ziehen.

• Der Zug, der den Oberkörper hebt, sollte nur aus den Bauchmuskeln kommen, versuche, das zu spüren. Der untere Rücken bleibt dabei fest auf dem Boden.

• Den Oberkörper so weit Richtung Brust ziehen, wie es geht, 5 Sekunden halten, dann langsam wieder absenken.

The Plank

Ist härter, als es klingt!

• Du liegst auf dem Bauch, auf die Ellbogen gestützt, die sich parallel unterhalb deiner Schultern befinden. Der Oberkörper schwebt so automatisch in der Luft wie bei einer Liegestütze.

• Der Unterkörper liegt auf den Knien und den Fußzehen, und zwar so, dass die Fersen parallel in die Luft ragen.

• Dann streckst du die Knie durch, spannst den Körper, sodass er nur noch auf Ellbogen und Fußzehen steht. • Dein Körper sollte eine gerade Linie bilden. Also die Hüften nicht nach oben strecken oder nach unten hängen lassen. Es empfiehlt sich, entweder einen Spiegel oder einen Partner zur Kontrolle dabeizuhaben. Die Position sollte so sein, als wäre ein Stock vom Kopf bis zu den Füßen durch den Körper gezogen.

• Diese Position halten, solange es geht. Der Bauch und alle Muskeln sind dabei angespannt.

• Vergiss bloß nicht, durchgehend gleichmäßig zu atmen, denn gerade bei dieser Übung passiert es sehr schnell, dass man das vergisst.

Das Hüftheben

Gut für die unteren Bauchmuskeln.

• Du liegst auf dem Rücken, Knie angewinkelt und die Arme ausgestreckt zur Seite.

• Dann die Beine anheben, bis sich ein rechten Winkel zwischen Hüfte und Oberschenkel bildet.

• Die Beine gerade nach oben strecken und die Füße überkreuzen.

• Dann langsam den Hintern in Richtung Decke vom Boden abrollen, so weit es geht. Stell dir vor, du würdest versuchen, mit den Zehen die Zimmerdecke zu berühren.

• Dann langsam wieder absenken, ohne das Gesäß ganz abzulegen. In einer flüssigen Bewegung die Hüfte wieder nach oben schieben.

Sollte diese Übung zu schwer sein, kann man als Unterstützung für die Wirbelsäule die Hände unter den unteren Teil des Hinterns schieben.

Der Reverse Crunch

• Du liegst auf dem Rücken, den Kopf leicht angehoben.
• Dann die Beine gebeugt anheben und langsam und kontrolliert zur Brust ziehen, sodass sich die Hüfte abhebt.
• Kurz halten.
• Langsam die Beine wieder absenken, aber nicht ablegen, sondern kurz über dem Boden halten und wieder in Richtung Brust ziehen.

Das L

Diese unglaublich effektive Übung ist ebenfalls gut für die unteren Bauchmuskeln. Dafür benötigst du zwei Liegestützgriffe oder einen Barren.

• Aufrecht hinsetzen, Beine ausstrecken. Hände auf die Griffe und nach oben drücken, sodass sich das Gesäß vom Boden abhebt.

• Die Beine anspannen, damit sie sich ebenfalls vom Boden abheben und im rechten Winkel zum Oberkörper halten.

• Je höher die Beine gehalten werden, desto schwieriger aber auch wirkungsvoller ist die Übung. Ziel ist es, die Beine so weit heben und halten zu können, dass aus dem L ein V wird.

Der Extended Crunch

• Du liegst auf dem Rücken, die Hände im Nacken und die Ellbogen gespreizt.
• Streck die Beine und heb sie leicht, sodass sie flach über dem Boden schweben. Drück die Hüfte auf den Boden und überkreuz die Füße.
• Dann langsam den Kopf und die Schultern bis zu 30 Zentimeter über den Boden anheben. Kurz halten und wieder absenken. Der »Zug« muss dabei unbedingt aus dem Bauch kommen, nicht mit den Armen am Kopf ziehen.

Die schräge Bauchpresse

Super für die seitlichen Bauchmuskeln.
• Dein Körper liegt auf der Seite, die
Beine 90 Grad angewinkelt, sodass die
Knie vor der Hüfte liegen.
• Dreh den Kopf und die Schultern so
zurück, dass die Schulterblätter und der
Hinterkopf flach auf dem Boden liegen.
• Dann ziehst du aus dem Bauch den
Oberkörper gerade nach oben – so weit,
wie es geht. Langsam und behutsam
wieder absenken. 25-mal wiederholen.
• Dann das Gleiche mit den Knien auf
der anderen Körperseite noch mal.

Die seitliche Brücke

Ebenfalls eine gute Übung für die seitlichen Bauchmuskeln.

• Du liegst ausgestreckt auf der rechten Seite, den Oberkörper auf den rechten Ellbogen gestützt.

• Dann spannst du deinen Körper an und hebst die Hüfte so weit vom Boden ab, dass du nur noch auf den rechten Ellbogen und den rechten Fuß gestützt bist.

• Der Körper sollte vom Kopf bis zu den Füßen eine gerade Linie bilden.

• Die Position 30 Sekunden halten, dann langsam absenken. 25 Wiederholungen auf einer Seite.

• Anschließend mit der linken Seite das Ganze noch mal.

Der Hund

Eine gute Übung für Anfänger.

• Du bist auf Händen und Knien auf dem Boden aufgestützt.

• Spann die Bauchmuskeln an und heb die Knie leicht vom Boden ab, sodass dein Gewicht nur noch von Händen und Zehen getragen wird.

• Dann hebst du den rechten Fuß vom Boden ab, indem du das rechte Bein leicht einknickst. Jetzt wirst du nur noch von den Händen und dem linken Fuß gehalten. 30 Sekunden Position halten. Je besser diese Übung geht, desto länger sollte die Dauer sein.

• Den rechten Fuß wieder absenken und die Übung mit dem linken Fuß wiederholen.

Der Kick

Eine Übung für Fortgeschrittene, da man eine gute Körperspannung braucht.
• Du liegst auf dem Rücken, die Arme sind über der Brust gekreuzt, die Beine ausgestreckt.
• Heb die Beine leicht ab, sodass die Füße flach über dem Boden schweben.
• Das rechte Bein zur Brust ziehen, dann kräftig nach vorne treten, ohne dass die Füße den Boden berühren. Dabei bleibt der untere Rücken fest auf den Boden gepresst.
• Mit dem linken Bein wiederholen!

Das Schiffchen

Ebenfall eine schwierige Übung, die erst bei ausreichender Körperkraft ins Training aufgenommen werden sollte.

• Du liegst auf dem Rücken, die Arme liegen über dem Kopf ausgestreckt flach auf dem Boden, der ganze Körper ist angespannt.

• Heb die gestreckten Arme und Beine nun zirka 20 Zentimeter vom Boden ab, dabei eine starke Körperspannung halten – sozusagen »versteifen«.

• Dann langsam 25-mal vor- und zurückpendeln, eben wie ein Schiffchen auf dem Wasser.

DIE GRAUSAME WAHRHEIT

Wie gesagt, mit diesem Programm kommst du deinem Traum vom Sixpack ein großes Stück näher. Aber man muss sich dessen bewusst sein, dass es ein wirklich hartes Stück Arbeit sein kann, je nachdem, wie der Körper auf das Training anschlägt. Jeder sollte sich vorher überlegen, ob es die Mühe wirklich wert ist.

Ich selbst hatte es einmal in meinem Leben geschafft, ein geiles Sixpack zu haben – heute ist davon nichts mehr zu sehen. Denn wenn man nicht ständig am Ball bleibt, verschwinden selbst die schönsten Bauchmuskeln relativ schnell wieder. Für mich persönlich war der Aufwand einfach zu groß, da ich leider einen Körpertyp habe, der zwar schnell Masse aufbaut, aber eben nur sehr schwer definiert wird. Aber genau diese Definition braucht man für ein richtiges Sixpack. Und wenn die Bauchmuskeln zum Fulltime-Job werden, dann macht es auch irgendwann keinen Spaß mehr. Zugegeben, ich beneide die Jungs, die von Natur athletisch veranlagt sind und mit relativ geringem Aufwand ein perfektes Sixpack vorweisen können. Aber hey, auch für die kräftigen Burschen gibt es jede Menge Liebhaber. Ich weiß wenigstens, dass es geht, wenn man es wirklich will. Und wenn ich es geschafft habe, dann dürfte es auch für euch kein Problem sein!

SEX II

Da man nie genug über die schönste Sache der Welt wissen kann, hier noch mehr wunderbar nützliche, unsinnige Informationen zum Thema Sex.

Mein Held
Der Weltmeister im Sperma-Weitspritzen ist ein italienischer Tiefbauarbeiter, der sagenhafte 16 Meter weit, punktgenau, abspritzen kann. Diese Begabung liegt aber nicht an seiner Potenz, sondern an einer Deformation der Muskulatur seines Beckenbodens. Um ihn vor sexueller Belästigung zu schützen, wird sein Name nicht veröffentlich.

Lust
45 Prozent der deutschen Männer haben bei einer offiziellen Umfrage angegeben, dass sie gern mehr Sex in ihrem Liebesleben hätten. Vielleicht sollten die es mal mit Sex ohne Liebe versuchen – macht auch Spaß!

Kleinod
Für Mediziner beginnt ein kleiner Penis erst ab einer Länge unter 2,5 Zentimetern – das nennt man dann Mikropenis! Ob sich da die Jungs mit 3 Zentimetern besser fühlen, mag bezweifelt werden.

Handarbeit
Die meisten Männer onanieren einmal alle zwei Tage, nämlich 23 Prozent aller onanierfähigen deutschen Männer. Zum Ausgleich besorgen es sich 9 Prozent davon dann aber gleich zweimal am Tag.

Nachgemessen
Damit die letzten Zweifel beseitigt sind, ob der Penis groß genug ist: In ruhendem Zustand ist der deutsche Durchschnitt 9,4 Zentimeter. Erigiert dagegen wächst er auf ganze 16,9 Zentimeter. Komisch, dass auf schwulen Internetseiten die Mehrheit der Jungs aber die nach offiziellem Maß eher überdurchschnittliche Größe XL angegeben hat.

ZWISCHEN-MENSCHLICHES

So sehr ich das Internet für all die wunderbaren Möglichkeiten, die es uns gibt, schätze, eine Sache verzeihe ich dem World Wide Web nicht: Kein Mensch weiß mehr, wie man richtig flirtet!

Während es im Netz auf einschlägigen Kontaktseiten kein Problem ist, zu jeder Tages- und Nachtzeit einen Kerl kennenzulernen, fällt es gerade den Jüngeren zunehmend schwer, auf der Straße, im Café oder sonst wo in der Öffentlichkeit einen anderen Mann anzumachen. Wer mit der Gewissheit aufwächst, durch ein paar Klicks schon in der Unterhose eines willige Partners zu landen, der wird schmerzlich erfahren müssen, dass Sprüche wie »Und, worauf stehst du?« oder »Zeig doch mal deinen Schwanz!« an der Supermarktkasse selten zum Erfolg führen. So bildet sich ein Teufelskreis: Wegen Unwissenheit und Unsicherheit traut sich keiner mehr, öffentlich zu flirten. Also suchen immer mehr Jungs den Kontakt online und verlernen so immer weiter, dass es viel aufregender ist, nette Kerle in der Realität kennenzulernen.

Ebenso geht dadurch die Kunst des eleganten Beziehung-/Affäre-Beendens verloren. Zugegeben, das ist nie eine schöne Sache, aber im wahren Leben eben doch etwas komplizierter, als den ehemals Begehrten online einfach zu blocken. Ob die drastischen Methoden, eine Bekanntschaft zu beenden, nun ein Segen oder Fluch sind, mag offen zur Diskussion stehen. Von gegenseitigem Respekt zeugen sie eigentlich nie. Denn ich möchte einfach nur eine Sache zu bedenken geben: Wenn du irgendwann einmal starke Gefühle, vielleicht sogar Liebe, für einen Kerl empfunden hast, und du schießt so einen Kerl dann grausam ab, wie wertvoll erachtest du dann noch deine ehemaligen Gefühle? Und wie viel werden sie in Zukunft wert sein? Werden deine Gefühle nicht immer belangloser und beliebiger?

Doch genug der philosophischen Fragen, auf die ich spontan sowieso keine Antwort vom geneigten Leser bekommen kann.

Eins ist natürlich klar: Wenn der Kerl, den du liebst, dich verletzt, belügt oder betrügt, dann eröffnet er natürlich ein Schlachtfeld, auf dem es vollkommen korrekt ist, mit den schärfsten Waffen zurückzuschlagen.

Auf jeden Fall wird es Zeit, dem Trend zur virtuellen »Klick-und-Fick-« Gesellschaft Einhalt zu gebieten: Jungs, geht wieder raus vor eure Türen! Flirtet, was das Zeug hält, und zwar auf der Straße, im Büro, im Kino und auf dem Finanzamt. Nicht nur, dass man möglicherweise seinen Traummann trifft, ein Flirt oder zwei verbessern auch noch die Atmosphäre in jeder Stadt. Und das kommt uns doch allen zugute. Außerdem ist es einfach unglaublich spannend, einen Menschen neu kennenzulernen, wenn man nicht sofort auf einer handlichen Profilseite alle privaten und sexuellen Vorlieben aufgelistet sieht und lediglich nach diesen wenigen Eigenschaften den ganzen komplizierten Mechanismus Mann beurteilt. Flirten und Daten verstärkt die Toleranz, die Neugier und macht Lust darauf, einfach mal was Neues auszuprobieren. Glaubst du vielleicht, 100 Prozent passiv zu sein, wirst du dich im Chat nie mit einem anderen Passiven treffen. Aber wenn du den Kerl im Café kennenlernst, ohne etwas von ihm zu wissen, und verliebst dich Hals über Kopf, stellst du vielleicht plötzlich fest, dass es gar nicht so schlecht ist, den geilen Kerl nach allen Regeln der Kunst durchzuorgeln.

Es wird Zeit, den PC auszuschalten und den Blick wieder auf die Männer draußen im echten Leben zu richten. Dort warten nämlich eine Menge geile und aufregende Abenteuer. Damit der Schritt dahin nicht so schwerfällt, hier das kleine 1x1 des Flirtens, Datens und wieder Schluss-Machens.

FLIRTEN – MACH MICH AN!

Flirten funktioniert auf 5 Ebenen: Treffen sich 2 Menschen, läuft in uns ein Programm ab, das ganz automatisch abcheckt: Wie sieht er aus, wie hört er sich an, wie riecht er, wie fühlt er sich an, und wie schmeckt er. Für diese Beurteilung reichen unserem Unterbewusstsein wenige Sekunden und minimale Informationen, die über alle Sinnesorgane aufgenommen werden. So ergibt sich blitzschnell ein Gesamtbild, das über Sympathie, Gleichgültigkeit oder Ablehnung entscheidet. Zu diesem Thema könnte man sehr, sehr viel schreiben, denn es ist faszinierend, welche Botschaften wir anderen Menschen senden – und natürlich auch von ihnen empfangen –, ohne uns dessen bewusst zu sein.

Deshalb ist es wichtig zu wissen, dass man sich auf vielen Ebenen bemühen muss, um in einem anderen Mann ein flammendes Inferno der Leidenschaft zu entfachen.

Worauf es beim Flirten und Anmachen zu achten gilt, klären die folgenden Seiten:

Das Aussehen

Klar, das Aussehen ist wichtig, aber eben nicht alles. Wahrscheinlich kennt jeder die Situation, in der er glaubt, einen geilen Kerl zu treffen, aber beim ersten Wort aus dessen Mund verfliegt jede Faszination. Manchmal reicht schon ein affektiertes Lachen, ein merkwürdiger Gang oder die unterschiedlich abstehenden Ohren. Es sind eben meist die kleinen Dinge, die man irgendwann zu hassen beginnt. Aber zum Glück ist Aussehen Geschmackssache, und so finden nicht nur Topmodels einen Partner, sondern auch die, die vielleicht nicht wirklich schön, aber dafür süß, sexy oder einfach nur wahnsinnig charmant und intelligent sind.

Um das eigene Aussehen zu optimieren, gibt es in diesem Buch ja jede Menge Kapitel. So hat auch das hässlichste Entlein eine gute Chance, wenigstens zum akzeptablen Schwan zu werden. Es lohnt sich *immer,* einen guten Eindruck zu hinterlassen, wenn man in die Öffentlichkeit geht, also einigermaßen gepflegt zu sein und gut zu riechen, denn du weißt nie, ob Mr. Right nicht gleich um die Ecke kommt. Außerdem fühlt man sich selbst einfach besser und wirkt selbstbewusster, wenn man weiß, dass man eine gute Figur abgibt. Also, immer darauf achten, dass keine Essensreste zwischen ansonsten weißen Zähnen lauern, der Atem und die Unterhose frisch sind, die Haare ordentlich sitzen, das T-Shirt keinen braungelben Dreckrand hat und den Achseln keine Andenken vom letzten Work-out entströmen.

Der Ort

Flirten kann man eigentlich überall, man sollte aber allzu deutliche Annäherungsversuche an muskulöse Glatzköpfe auf einem Böhse-Onkelz-Konzert vielleicht besser unterlassen.

Angeblich ist die deutsche Flirt-Location Nummer 1 der Waschsalon. Dicht darauf folgt schon die Lebensmittelabteilung schicker Kaufhäuser – vermutlich weil an beiden Orten die Zahl der Singles überdurchschnittlich hoch ist. Trotzdem wäre es albern, sich nun ständig zwischen Milch, Nudeln und dem Schonwaschgang hin und her zu bewegen in der Hoffnung, auf den nächsten Partner zu stoßen. Man tut aber auf jeden Fall gut daran, sich in Gegenden aufzuhalten, in denen vermehrt andere Schwule unterwegs sind. Also, auf in die teuren Boutiquen der Einkaufsstraßen, ins Kino zu Filmen mit Meryl Streep oder Sarah Jessica Parker – oder einfach in die bekannten Homo-Cafés der Stadt (auch im Stadtpark sind oft jede Menge schwule Männer anzutreffen, aber die wollen in der Regel lieber vögeln als reden).

Am besten immer und überall die Augen offenhalten und einfach mal nett lächeln, wenn dir jemand gefällt – du wirst überrascht sein, was aus so einer kleinen Geste alles entstehen kann.

Übrigens, wenn du in einem Club bist, dann sorge dafür, dass man dich auch sieht. Wenn du in einer Ecke hinter der Tür stehst, brauchst du dich nicht zu wundern, wenn kein Mensch mit dir flirtet. Ein alter Freund hat mir dazu mal einen schönen Spruch gesagt: »Wer in der Mitte der Tanzfläche tanzt, ist immer begehrt.« Und das stimmt. Stell dich strategisch immer so, dass du auch gesehen wirst. Denn wie soll dein Traummann dich finden, wenn er dich nicht entdecken kann. Je mehr Leute dich sehen, umso größer ist die Chance, dass einer darunter ist, für den genau *du* der Traumtyp bist.

Sicheres Auftreten

Sicher, ein schüchterner Blick kann schon mal Herzen brechen. Doch meist wird man durch zurückhaltendes Auftreten und Mauerblümchen-Dasein gar nicht erst bemerkt. Deshalb ist es wichtig, dass du einen einigermaßen selbstsicheren Eindruck machst, um vom Objekt deiner Begierde wahrgenommen zu werden. Merke: Ein sicher auftretender Mann ist fast immer ein Sexmagnet!

Hast du nun etwas Probleme mit dem eindrucksvollen Auftreten, dann gibt es eine sehr gute Übung für dich: Am Morgen nach dem Aufwachen bleibst du ein paar Minuten länger liegen und spielst in deinem Kopf durch, wie es wohl wäre, wenn du der unwiderstehlichste Mann der Welt wärst. Wie wäre es, wenn dich all die klasse Typen, auf die du stehst, auch begehren. Stell dir vor, wie sich das wohl anfühlt. Dann versuche, genau dieses Gefühl den ganzen Tag in dir zu spüren. Verhalte dich einfach genau so, als wäre dein Wunsch wahr. Spiele ein Spiel, sei ein Schauspieler! Egal, ob du dir komisch dabei vorkommst, tu es einfach! Du wirst garantiert überrascht sein, wie schnell du eine veränderte Reaktion von deiner Umwelt erfährst – und zwar eine positive. Nimm dir vor, in Zukunft mindestens einmal die Woche so einen Tag durchzuziehen, an dem du den Sechser im Liebeslotto gibst!

Auf Dauer hilft es auch, einen Sport ernsthaft zu betreiben, einen Ego-Kurs zu belegen oder mit autogenem Training zu beginnen – das alles steigert nämlich die Selbstsicherheit.

Natürlich funktioniert so etwas nicht, wenn du krankhaft schüchtern bist und ernsthafte psychologische Probleme hast. Dann hilft tatsächlich nur der Gang zum Psychologen. Aber auch das ist ja in Ordnung, wenn es dich im Leben deinen Zielen näherbringt und dich glücklich macht.

Alkohol

Alkohol lockert zwar Hemmungen, und man glaubt, viel ungehemmter zu flirten, tut dies aber mit sehr viel weniger Erfolg als nüchtern. Denn wer steht schon auf besoffene, dämlich grinsende Machos, die einen blöden Anmachspruch nach dem anderen raushauen? Denn während man im trunkenen Zustand glaubt, der perfekte Verführer zu sein, sehen alle Umstehenden höchstwahrscheinlich einen peinlichen Typen. Also, niemals ein paar Schnäpse oder Biere kippen, um sich Mut anzutrinken. Das geht meist voll nach hinten los, da der Alkohol das Denken und Sprechen erschwert und die Konzentrationsfähigkeit erheblich beeinträchtigt. Nüchtern ist einfach netter!

Die Stimme

Kein Scherz! Männer mit einer tiefen Stimme werden als attraktiver und begehrenswerter wahrgenommen. Ergibt auch Sinn, oder? Denn was nützt ein schön trainierter Körper, wenn der Typ dann mit hoher Fistelstimme undeutlich Schweinereien von sich gibt. Sehr ungeil! Da es ja ums Gesamtpaket beim Flirten geht, solltest du dir einfach angewöhnen, ein bisschen tiefer zu sprechen als normal. Nicht so auffällig und unnatürlich, dass es lächerlich wirkt, aber einfach mit etwas mehr Luft in der Lunge und gesenkter Stimme die Worte langsamer und bewusster wählen. Mit der Zeit wird dir das in Fleisch und Blut übergehen, und du wirst feststellen, dass man allein mit ein paar Worten in der richtigen Stimmlage einem heißen Typen den Schlüpfer ausziehen kann. Wird deine Stimme generell eher in Richtung »piepsen« eingeordnet, dann absolvier eine Sprachbildung, das hilft ungemein.

Blickkontakt

Der richtige Blickkontakt ist natürlich das A und O beim Flirten. Die Forschung geht davon aus, dass in unserem Kulturkreis Menschen, denen man länger als 3 Sekunden fest in die Augen schaut, dies als Aufforderung zum Sex empfinden – vielleicht ist das der Grund, warum Heteros immer gleich aggressiv werden, wenn man sie zu lange anschaut, die wissen genau, um die schmutzigen Gedanken in unserem primitiven Jäger-Gehirn, das *immer* auf Beute aus ist. Unterschätze also niemals die nonverbale Kommunikation, die über die Augen funktioniert!

Ist einmal ein Blickkontakt hergestellt, kommt ein selbstbewusster Blick zwar schneller ans Ziel, aber auch ein schüchterner Blick kann Wunder wirken. Denn das Offenbaren von Schwäche wirkt oft angenehm und sympathisch. Wohlgemerkt, der Blick kann schüchtern sein, aber nicht die komplette Körpersprache. Das wirkt dann verklemmt und eher abstoßend – ähnlich wie ein kränkliches Aussehen evolutionsbedingt nur wenig sexuelle Reize verströmt.

Hast du Blickkontakt mit einem Kerl aufgenommen, sind folgende Zeichen konkrete Hinweise auf ein ernsthaftes Interesse: Lächeln, vermehrtes Blinzeln, leicht mit dem Kopf nicken, den Kopf zur Seite neigen, die Kleidung richten oder eine nach oben gezogene Augenbraue.

Ganz deutlich wird es selbst für den, der auf der langen Leitung steht, wenn dich das Objekt der Begierde häufiger wie »zufällig« berührt. Dann ist die Sache geritzt! Aber das fällt natürlich schon nicht mehr unter das Kapitel »Blickkontakt«.

Der Zeitfaktor

Sei schnell! Wenn dir ein Kerl gefällt, reagiere sofort! Tests haben ergeben, dass nach 30 Sekunden, nachdem dein Flirtobjekt dir Zustimmung signalisiert hat, die Chancen rapide abnehmen, dass aus dem Flirt mehr wird. Lächelt er dich an, lächle also sofort zurück! Schau ihm dabei tief in die Augen – sei deutlich in deinen Absichten! Selbst wenn der andere Kerl mal kurz wegschaut, bleib am Ball! Das ist ein typisches Flirt-Spielchen, es gehört einfach dazu. Am besten ist es, du sprichst ihn relativ schnell an, nachdem du ein paar eindeutig positive Signale erhalten hast. Sei nicht zu geduldig, damit versaust du dir nur deine Chancen.

Es reicht, hinzugehen und zu sagen: »Hallo, ich bin der …!« Meist kommt dann ein Gespräch von ganz alleine zustande. Ansonsten kannst du ruhig

direkter werden: »Ich finde dich ziemlich interessant. Hast du vielleicht Lust, dich mal mit mir zu treffen?«

Lerne keine blöden Anmachsprüche auswendig oder bemüh dich nicht um besondere Originalität. Bist du kein Profi-Schauspieler, geht so ein »witziger« Spruch eigentlich immer in die Hose. Sei du selbst! Bist du immer witzig, sei es auch beim Flirten. Bist du sonst auch keine Spaßkanone, warum solltest du es in so einem delikaten Moment plötzlich sein?

Hab keine Angst vor einem Korb. Was kann denn passieren? Gehst du freundlich auf jemanden zu, wird die Antwort – wenn auch vielleicht negativ – ebenfalls freundlich sein. Aber an einem Korb ist ja nichts Schlimmes. Es kann dich nicht jeder mögen. Denk einfach an all die Leute, die du selbst auch nicht kennenlernen magst. Vielleicht sind die ja auch alle ganz nett, aber eben einfach nicht dein Typ. Also immer »ran an die Buletten«, wie man in Berlin sagt. Wenn du einen Kerl anmachst, besteht immerhin zu 50 Prozent die Möglichkeit, dass es klappt. Tust du nichts, dann wirst du dich zu 100 Prozent später über die verpasste Chance ärgern.

Aber werde auf keinen Fall aufdringlich. Ein »Nein!« ist ein *Nein*! Und egal, wie sehr du dich dann bemühst, du wirst es eher schlimmer machen. Also akzeptiere den Korb. Der nächste Kerl wartet bestimmt schon um die Ecke.

Übrigens, für all die, die sich zu fein sind, einen anderen Typen anzumachen, weil sie denken: »Wenn der was will, soll er doch kommen«. Denk mal ein paar Minuten über diesen Schwachsinn nach! Was wäre, wenn alle so dächten? Und wer bist du überhaupt, dass du glaubst, so arrogant sein zu können? Die Königin von England? Nein? Dann reiß dich zusammen und verhalte dich deinen Mitmenschen gegenüber auch nicht so!

Das Gespräch

Hast du den Kerl, der dir Schmetterlinge im Bauch verpasst, endlich angesprochen, und es entwickelt sich ein zaghaftes Gespräch, bleib am Ball, aber sei vorsichtig. Eine falsche, unbedachte Aussage – und alle mühsam erarbeiteten Chancen sind wieder dahin. Für die Gesprächsführung lohnt sich ein bisschen Taktik, also verzichte besser auf »Ja-Nein-Fragen«! Sonst stockt der Gesprächsfluss schneller, als dir lieb ist. Stelle offene Fragen, die einer längeren Antwort bedürfen.

Also bloß nicht: »Magst du Musik/Kino/Theater?«, dann kommt im schlechtesten Fall lediglich ein »Ja« oder »Nein«, und du musst eine neue verbale Angelschnur auswerfen, um ein ordentliches Gespräch in Gang zu setzen.

Ganz wichtig, sei interessiert an den Antworten deines Gegenübers. Beim Kennenlernen kann Schweigen wirklich Gold sein. Ein guter Zuhörer hat sofort alle Sympathien auf seiner Seite. Zwischendurch solltest du natürlich schon ein bisschen über dich selbst zum Besten geben, damit das Gespräch nicht zu unpersönlich und einseitig wird. Aber versuche, den Kerl, der dir gegenübersitzt, dazu zu bringen, sich für dich zu öffnen. Stelle Fragen wie: »Was denkst du über …?«, »Wie stellst du dir … vor?«, »Wo kommst du her?« »Wie sind deine Erfahrungen mit …?« – also generell alle Wie-, Was-, Wer-, Wo- und Warum-Fragen.

Achte aber darauf, nicht zu intime Fragen zu stellen. Vermeide auch auf jeden Fall Themen, die zu Streitigkeiten und Diskussionen führen können, wie Religion, Krankheiten oder Politik. Sprich auch auf keinen Fall von ehemaligen Partnern und genauso wenig, wie du dir eine gemeinsame Zukunft mit der neuen Bekanntschaft vorstellst.

Lass deinen Charme sprühen, auch wenn du glaubst, du hast keinen – wenn du aufgeregt bist, einen Kerl interessant findest, *dann* wirst du garantiert Charme haben. Sei höflich und mach ruhig mal ein Kompliment zwischendurch.

Humor ist ebenfalls ein wichtiger Aspekt. Wenn du ihn zum Lachen bringst, ist das sowohl ein direkter Weg in seine Hose als auch in sein Herz. Versuche aber bitte nicht krampfhaft, lustig zu sein, du bist kein Stand-Up-Comedian bei der Arbeit.

Sei bei all dem, was du über dich selbst erzählst, interessant. Dazu solltest du natürlich keine Lügen erfinden, aber stell dich in einem guten Licht dar, betone das Gute an dir – kurz: Verkauf dich! Schließlich bist du doch das beste Stück weit und breit, oder? Aber bitte: Überleg dir genau, ob dein leidenschaftliches Hobby, sei es die Deutsche Bahn, Souvenierlöffel oder Glastiere, wirklich so interessant für jeden anderen Menschen ist. Manchmal ist es besser, mit wirklich fanatischen Freizeitbeschäftigungen etwas hinter dem Berg zu halten.

Geduld

Hab Geduld! Viel Geduld!

Nur weil du scharf auf einen Kerl bist und am liebsten sofort Hand anlegen würdest, heißt das nicht, dass es ihm ebenso geht. Vielleicht braucht er generell etwas länger oder möchte dich einfach besser kennenlernen. Sei also nicht aufdringlich oder penetrant.

Nur wenn du Zeit und Geduld mitbringst, dann hast du auch langfristigen Erfolg!

Übung macht den Meister

Geh einfach mal raus und übe deine Flirttechnik. Nicht nur bei den Jungs, die du richtig super findest, bei denen besteht nämlich die Gefahr, dass du zu nervös bist und alles vermasselt. Flirte einfach mal mit Kerlen, die dir vielleicht nur ein bisschen gefallen. Zum einen ist das ein super Training, das dich im Ernstfall viel selbstsicherer sein lässt, und gleichzeitig verschönerst du den Tag für all die angeflirteten Männer und sorgst so für glückliche Homos in der Stadt.

EINE ANMACHE ABWEHREN

Es ist eines der größten Komplimente und ein tolles Gefühl, wenn man angeflirtet und angemacht wird. Leider verstehen manche Typen nicht gleich, dass sie keine Chance auf mehr als ein nettes »Nein, danke!« haben. Meist im alkoholisierten Zustand wird dann weitergebaggert oder anderweitig genervt. Dann hilft nur noch ein kluger Spruch zur rechten Zeit, den du ihm am besten vor seinen Freunden vor den Latz knallst – manchmal hilft eben nur Gewalt!

Damit du zur rechten Zeit den richtige Satz parat hast, hier ein paar Beispiele:

Notfallsätze für die schnelle Abfuhr

10 Hey, wer hat denn die Null gewählt, dass du dich meldest?

9 Hätte dein Vater gegen den Ofen gewichst, hättest du nur einmal kurz gestunken!

TOP TEN SCHNELLE ABFUHR

8 Komm doch mal wieder, wenn du weniger Zeit hast!

7 Du suchst einen Kerl mit Humor? Einen anderen wirst du auch nicht kriegen!

6 Sag mal, stehen deine Eltern auf Analsex? Du siehst so beschissen aus!

5 Hat dir schon mal jemand gesagt, dass du total sexy bist? Nein? Wird auch keiner tun!

4 Suchst du Kontakt? Versuchs mal mit einer Steckdose!

3 Setz dich auf den Boden, der ist Dreck gewohnt!

2 Mit einem Loch im Hinterkopf könntest du wenigstens noch als Nistkasten dienen!

Die Top-Platzierung meiner liebsten Abfuhrsprüche gilt all jenen Frauen, die nicht einsehen wollen, dass sie bei dir keine Chance haben, weil du schwul bist, und endlos weiternerven. Der ultimative Spruch, um wirklich *alle* Mädels schnell zu beleidigen und loszuwerden, ist folgender:

1 »Sag mal, Mädel, würdest du dir denn Schuhe kaufen, wenn du keine Füße hättest? Nein? Und warum kaufst du dir dann einen BH?«
Danach hast du Ruhe, und die Frau hat sich für den Rest des Abends heulend in die Toilette eingeschlossen. Das Lustige ist, dieser Spruch wirkt sogar bei Frauen mit riesigen Möpsen. Frag mich nicht, warum, aber ich hab es ausprobiert, und es hat geklappt!

5 TIPPS FÜR DAS ERSTE (RICHTIGE) DATE

Hast du es geschafft, und dein Traumkerl verabredet sich mit dir auf ein Date, dann gibt es immer noch ein paar Dinge zu beachten, damit die Verabredung erfolgreich verläuft.

Trefft ihr euch nur auf ein Sex-Date, dann ist dieses Kapitel für dich eher uninteressant. Aber, nur mal so als Tipp, versuch es das nächste Mal doch mit einer richtigen Verabredung und nicht nur mit einer kurzen Fickgeschichte. Das kann sich lohnen!

Sei großzügig!

Bezahl die Rechnung, wenn dir was an dem Kerl liegt – und zwar für den ganzen Abend. Vergiss den Quatsch mit getrennten Rechnungen. Zeig deinem Date, dass du es ernst meinst, ein Mann mit Anstand bist und so viel Respekt vor ihm hast, dass du tief in deine Geldbörse greifst. Natürlich solltest du vorher sichergehen, dass du dir die Date-Location auch leisten kannst. Vergewissere dich auch auf jeden Fall, dass du überhaupt Geld dabei hast. Nichts ist peinlicher, als ein Date fragen zu müssen, ob er dir Geld leiht.

Wähle die richtige Location!

Der Ort eures Dates sollte natürlich, wie oben bereits erwähnt, deinen finanziellen Möglichkeiten entsprechen. Aber lass dir etwas Besonderes einfallen. Ganz schlecht ist es, ins Kino zu gehen – denn wie wollt ihr euch kennenlernen, wenn ihr den halben Abend kein Wort miteinander sprecht. Außerdem kann die Auswahl des richtigen Films schon zu Streitigkeiten führen, die eine nähere Bekanntschaft im Ansatz erstickt. Auch wenn du dich für einen Cineasten hältst, nicht jedermann mag drei Stunden lang in Untertiteln lesen, welches Unglück einer 12-jährigen Kroatin nach einer Fehlgeburt widerfahren ist.

Hast du wirklich überhaupt kein Geld, dann improvisiere. Ein Picknick im örtlichen Park, ein cooles Museum oder ein Essen bei dir zu Hause – vorausgesetzt dein Zuhause befindet sich in einem vorzeigbaren Zustand, d. h. es ist aufgeräumt und riecht nicht nach altem Katzenklo.

»Weniger ist mehr!« ist immer ein guter Tipp fürs erste Date. Und verschieß nicht gleich dein Pulver beim ersten Mal – heb dir noch ein paar gute Ideen für ein Treffen auf –, du willst dich doch steigern, oder?

Sei pünktlich!

Tu, was du tun musst, um pünktlich zu sein! Sei auf jeden Fall rechtzeitig zum verabredeten Zeitpunkt am richtigen Ort – und sag auf keinen Fall kurzfristig ab, nur weil du gerade keine Lust hast. So was rächt sich beim Versuch eines zweiten Dates.

Respekt!

Habe Respekt vor den Ansichten des anderen. Egal, worum es sich handelt. Ein Date ist dafür da, dass man sich kennenlernt, und nicht, um dein Gegenüber zu deiner persönlichen Weltsicht zu bekehren. Vergiss auch nie: Zeige Interesse an dem, was dir der andere erzählt. Sprich nicht immer nur von dir. Sei ernsthaft interessiert!

Mach einen guten Eindruck!

Tauche ordentlich auf zum Date. Das heißt: Sei gewaschen und einigermaßen gepflegt. Mach einfach einen guten Eindruck – vorausgesetzt natürlich, du triffst keinen Kerl, der auf versiffte, stinkende Böcke steht. Aber dann hättet ihr sicherlich kein richtiges Date, sondern würdet euch in einer schmuddeligen Ecke treffen und Sauereien machen.

Bleib dran!

Zum Abschluss eines netten Dates, frag höflich, ob ihr euch wiederseht. Egal, wie notgeil du gerade bist, verzichte darauf, den Kerl noch zu dir nach Hause einzuladen oder mit zu ihm zu gehen.

Klingt das altmodisch? Sicher! Aber mit dieser Methode katapultiert man sich direkt in das Herz eines Mannes, der es ernst mit dir meint, denn du verhältst dich nicht so, wie es so ziemlich alle anderen tun. Das Objekt deines Begehrens wird sich wahrlich vergöttert fühlen und nicht nur als Sexobjekt wahrgenommen – und dann kann da doch was draus werden. Außerdem ist der Verzicht auf Sex in der ersten Nacht ein prima Test, um rauszufinden, ob dein Date wirklich Interesse an dir hat. Wollte er nur Sex, dann wird er tausend Ausreden finden, warum keine weitere Verabredung zustande kommen kann. Dann weißt du wenigstens, woran du bist!

P.S.: Willst du nur vögeln, dann zählen all diese Tipps natürlich nicht. Dann sag das gleich und erspar dir den ganzen Aufwand!

COCKTAILS – COOLE GETRÄNKE FÜR EIN HEISSES DATE

Ob geschüttelt oder gerührt – wenn eine leckere Schnitte zum ersten Mal zu dir nach Hause kommt, beeindruckt es immer, gekonnt einen passenden Cocktail anzubieten. Über den Umweg des Cocktailmachens kommt man außerdem schnell ins Gespräch und überbrückt so mach peinliche Stille. Wer es geschickt anstellt, kommt so seinem Angebeteten auch noch ziemlich schnell näher, denn statt unsicher nebeneinander rumzusitzen, kann man den Kerl entweder in die Zubereitung des Cocktails einbinden oder ihn wie zufällig mehrmals berühren, damit er gleich weiß, wie der Hase läuft. Merke: Aktion ist immer besser als Passivität!

Aber nicht nur für das geile Date ist der rechte Cocktail zum richtigen Moment eine feine Sache, man kann mit einem locker aus dem Ärmel geschüttelten Drink so ziemlich jede Runde beeindrucken. Und selbst einem depressiv einsamen Abend allein zu Haus verleiht ein knackiger Alkohol-Mix noch etwas edle Würde.

Nun gibt es aber Cocktails wie Sand am Meer: Sie können cremig und süß sein, bunt, aber knallhart, eine Mischung aus Likören, gefroren oder heiß. Es gibt Shorts und Longdrinks, Before- und After-Dinner-Drinks – je mehr man versucht, in der Welt der Cocktails den Überblick zu bewahren, desto unmöglicher scheint es. Trotzdem haben sich ein paar Klassiker im Laufe der Jahre herausgebildet, mit denen man immer auf Nummer sicher gehen kann. Neben der Mischung, die sich im Glas befindet, ist auch die Dekoration wichtig, um das Image eines Drinks zu prägen – so macht sich die Olive immer noch herrlich männlich im Martiniglas, aber eine mittlere Obstschale am Glasrand eines Fruchtcocktails wird geschlechterübergreifend geächtet; so was gehört maximal in die Hände von Ballermann-Dumpf-Blondinen. Grundsätzlich sollte allerdings auf Schirmchen und jegliches Feuerwerk verzichtet werden – sonst denkt dein Date, du hättest sie nicht alle oder wärst ein entflohener Animateur vom Jumbo-Center auf Gran Canaria.

Für dich gilt: Auf jeden Fall einen Männer-Cocktail mixen! Frauen mögen in der Regel andere Drinks. Vorsichtig auch mit süßen Cocktails. Die enthal-

ten meist viel zu viele zuckrige, cremige Zutaten. Trinkt man so ein Gebräu, füllt sich der Magen wie nach einem 5-Gänge-Menü in der Frittenbude, und du kannst jeglichen Matratzensport für den Rest des Abends vergessen. Die sahnigen Drinks machen nämlich nicht nur pappsatt, sondern verkleben mit ihrem Zucker auch alle willigen Öffnungen. Also, lieber nachschauen bei meiner Top Six der Männer-Cocktails für ein heißes Date:

TOP SIX COCKTAILS

6 Der Klassiker – Long Island Ice Tea

Er sieht harmlos aus, aber ist so hart, dass selbst gestandene Männer in die Knie gehen. Das Geheimnis liegt in den Unmengen verschiedener starker Spirituosen, die gemischt werden – und keine einzige Zutat davon ist Eistee! Lediglich optisch sollte das Gemisch danach aussehen. Mit einem Long Island Ice Tea kann man absolut in keiner Situation etwas falsch machen – im Gegenteil. Wer einen guten Long Island Ice Tea mixt, wird sowohl von der biestigen Schwiegermutter als auch dem heißesten Kerl der Stadt geliebt. Was diesen Drink zu meiner persönlichen Nummer 1 macht? Ganz einfach: Hat man mehr als zwei von den teuflisch leckeren Alkoholgranaten intus, fallen so ziemlich alle Hemmung, kann aber immer noch ficken wie ein Weltmeister!

2cl Wodka
2cl Gin
2cl Rum (braun)
2cl Tequila (weiß)
2cl Triple Sec Curaçao
2cl Zitronensaft
2cl Orangensaft

Alles zusammen mit Eiswürfeln in einem Shaker wild durcheinander mixen und im Longdrinkglas mit Cola auffüllen – leichter geht es kaum, stilvoll dem Rausch zu begegnen.

5 Der sexy Cocktail – Brandy Buck

Brandy wurde lange als Altweiber-Gesöff abgetan. Aber nachdem in den letzten Jahren etliche Liebeserklärungen in erfolgreichen Liedern in den Charts waren, gibt es kaum etwas Schärferes als eine wilde Mischung, die auf Brandy basiert. Sie weckt jede müde Geschmacksknospe auf, und wenn die Zunge dann schon mal wach ist, was liegt näher, als sie in den Rachen deines Besuchs zu schieben?

4cl Brandy
2cl Crème de Menthe grün
1cl Zitronensaft

Mit Eis im Shaker kräftig mixen, Eiswürfel in ein Collins-Glas
und den Inhalt drübergießen. Auffüllen mit Ginger Ale, eine
Zitronenscheibe drauf – schon wird's brünstig in der Bude.

4 Der Fitness-Cocktail – Long Distance Runner

Gerade die geilen Typen mit den sexy trainierten Körpern sind ja oft zickig,
was Ess- und Trinkgewohnheiten angeht – ist ja auch kein Wunder, sonst
hätten sie ja nicht solche super Bodys. Aber selbst für so einen anstrengen-
den Zeitgenossen gibt es den richtigen Cocktail. Zauber ihm einfach, ohne
mit der Wimper zu zucken, einen Fitness-Cocktail, auf Wunsch sogar mit
Proteinpulver. Im Gegenzug könntest du ja etwas Fitness und Bewegung in
Richtung Schlafzimmer von ihm verlangen.

6cl Ananassaft
1cl Maracujasirup
Saft einer halben Limette

Mit crushed Ice im Shaker mixen, eine halbe Ananasscheibe ans Glas
stecken, trinken – und schon ist der erschöpfte Elektrolyt-
Haushalt wieder aufgefüllt. Erwähnst du das beim Cocktailshaken, dann
wird der Kerl nicht nur von dem Mix beeindruckt sein, sondern auch von
deinem Wissen um die Nöte eines Sportlers.

3 Der Party-Cocktail – Caipi Bull

Hast du vor, mit deiner Eroberung noch auf eine wilde Party zu gehen, dann
empfiehlt sich dieser Energiespender. Der geht schnell ins Blut und direkt
in die Birne – perfekt als Anheizer für eine lange Clubnacht. Wer danach
nicht in Feierlaune ist, der ist wohl schon scheintot.

6cl Cachaca
2cl Red Bull

Eine Limette klein schnippeln und mit 4 Esslöffel braunem
Rohzucker zerstoßen. Dann das Glas mit crushed Ice auffüllen. Obendrauf
Cachaca und Red Bull. Der Zucker sorgt für den Highspeed-Effekt, das Red
Bull für die lang anhaltende Wirkung – die Party kann beginnen!

2 Anti-Alkoholisches – Virgin Bloody Mary

Der Klassiker für den Morgen danach darf in dieser Liste natürlich nicht fehlen. Der Bloody Mary ist bekannt dafür, eine Wunderwaffe gegen einen fiesen Kater zu sein. Nur will man selten nach einer durchgefeierten Nacht gleich wieder Alkohol in sich reinschütten. Deshalb empfiehlt sich ein sogenannter »Mocktail« wie der Virgin Bloody Mary. Servier ihn deiner unter Kopfschmerzen stöhnenden Eroberung ans Bett und beweise, dass du nicht nur Stil, sondern auch Klasse hast – ein echter Gentleman eben!

Frischer schwarzer Pfeffer
Selleriesalz
1 Schuss Tabasco
1 Schuss Worcestersoße

In ein Longdrink-Glas auf Eis geben, 2 cl Limettensaft hinzu, mit Tomatensaft auffüllen und umrühren.
Damit es schmeckt, lohnt es sich, mit den Gewürzen zu experimentieren, gesund ist das Ding allemal.

1 Die Legende – Cosmopolitan

Zugegeben, der Cosmopolitan ist wahrlich kein Männer-Cocktail, aber seit »Sex and the City« ihn wieder populär gemacht hat, ist es der schwule Drink schlechthin. Es lohnt sich also auf jeden Fall, ihn parat zu haben. Man weiß ja nie, in was für Typen man sich verguckt!

4cl	Absolut Citron
1,5cl	Cointreau
1cl	Zitronensaft
1cl	Lime Juice
4cl	Cranberry Juice

Alle Zutaten in einen gekühlten Shaker geben, ordentlich schütteln und über ein paar Eiswürfel in ein Longdrink-Glas füllen. Originalgetreu müsste es natürlich ein Cocktail-Glas sein, aber das sieht wirklich zu girlie-mäßig aus. Etwas Männlichkeit muss man sich schon bewahren.

PERLEN FÜR DIE MEUTE

Wo ich schon mal im vorigen Kapitel bei alkoholischen Getränken war, kann ich gleich beim Thema bleiben. Am liebsten werfen sich die etwas unmännlicheren Homos ja ein »Stößchen« bei einem Glas Prosecco zu. Richtige Männer würden selbstverständlich nur echte Champagnerkorken knallen lassen, während die komplett Anspruchslosen schon mit einem Gläschen Sekt aus dem Supermarkt zufrieden sind. Schaumwein ist einfach beliebt bei den Schwulen. Trotzdem kennt kaum einer die Unterschiede. Um das sinkende Bildungsniveau der Republik aufzuhalten, hier ein schneller Überblick über die perlenden Weine in unseren Gläsern.

Was ist »Schaumwein«? Eigentlich nur der Oberbegriff für »Getränke in Flaschen mit einem durch eine Haltevorrichtung fixierten Schaumweinstopfen, die aufgrund ihres Gehalts an Kohlendioxid unter Druck stehen«. So sexy kann Beamtensprache klingen …

Champagner

Champagner ist der schickste und in der Regel auch der teuerste Schaumwein. Sein Anbaugebiet ist eng begrenzt. Er wird nach strengsten Regeln gekeltert, fast ausschließlich aus drei Rebsorten: »Pinot Noir« für die Fülle, »Pinot Meunier« für die Fruchtigkeit und »Chardonnay« für die Finesse. Die Lese erfolgt von Hand, und die erste Pressung wird zum Grundwein für den Champagner. Bis zu hundert Grundweine werden vermischt und gären ein zweites Mal unter Zusatz von Hefe und Zucker zum Champagner. Ist der Champagner »trocken«, nennt er sich »Brut« und enthält wenig Zucker. Geschmacksrichtungen reichen von Ultra Brut – supertrocken – über Extra Brut, Extra Sec, Sec, Demi Sec bis Doux – also sehr süß. Man sollte immer auf einen Champagner zurückgreifen, der auf dem Etikett alle relevanten Daten angezeigt hat. Gut ist ein »Crand Cru« mit einer Lagerzeit von über 36 Monaten und einem Zuckergehalt unter 15 Gramm pro Liter. Stehen auf dem Etikett keine Angaben – lieber Hände weg davon!

Sekt nach Champagner-Art

Selbstverständlich werden auch andere Tropfen wie der Champagner produziert, aber eben nicht in der Champagne. Und so dürfen sie sich auch nicht so nennen. Dabei sind sie nicht unbedingt schlechter, aber oft billiger. Auf dem

Etikett erkennt man das an der Bezeichnung »nach traditioneller Methode«. Gut informierte Händler haben in der Regel den einen oder anderen Geheimtipp. Wie Champagner ist der Luxus-Sekt in Flaschengrößen eingeteilt, die mit biblischen Namen bezeichnet werden: vom »Quart« – dem Piccolo, über die »Imperial«, der Standardflasche, bis zur »Magnum« und der »Nebukadnezar« – letztere findet man aber nur noch auf trashigen Millionärspartys. Die Flaschengröße hat übrigens großen Einfluss auf den Geschmack – aus einer Magnum schmeckt es deutlich besser als aus der Standardflasche. Nachdem er jahrelang aus der Mode war, sollte man auf wichtigen gesellschaftlichen Ereignissen unbedingt wieder einen »Rosé« bestellen, um sich nicht als ignoranter Snob zu outen.

Sekt

Normaler Sekt verhält sich zu Champagner wie ein T-Shirt von H&M zu einem Prada-Hemd – beides wird im Prinzip ähnlich hergestellt, aber die Unterschiede im Detail sind gewaltig! Die Zutaten und der Verarbeitungsprozess beim Sekt erreicht nie die Qualität eines Champagner. Aber der bei der Gärung entstehende Hefepfropfen wird genauso entfernt wie beim teuren Bruder – durch das »Degorgieren«. Dabei wird die im Flaschenhals gesammelte Hefe im Kältebad gefroren, dann der Korken vorsichtig geöffnet, und schon flutscht der Eis-Pfropfen heraus. Ein guter Sekt wird zwar in Flaschen gegärt, die Mehrheit der Billiganbieter greift heutzutage aber auf riesige Tanks zurück, was sich deutlich auf die Qualität auswirkt. Noch billiger geht es, wenn man einfach Weißwein mit Kohlensäure versetzt. So ein Gebräu darf aber nicht als Sekt bezeichnet werden, sondern nur als »Perlwein«.

Marsecco

Marsecco ist eine Besonderheit, gepresst aus der seltenen Marzemino-Traube. Blutrot und süß im Geschmack besitzt er ein Bouquet von Himbeeren und Märzveilchen. Ursprünglich stammt die Rebe aus Kleinasien, hat sich im 15. Jahrhundert aber über Venetien bis ins Etschtal verbreitet, und schon Mozart mochte das Getränk so sehr, dass er in seiner Oper »Don Giovanni« den Ausruf »Eccelente Marzemino!« einbaute. Schwer zu bekommen, da einfach nicht so beliebt.

Prosecco

Prosecco ist der Name einer weißen Rebsorte, die nur in einem bestimmten Gebiet in Italien wächst, aus der Sekt, Perlwein und normaler Wein produziert wird. Als »echte« Proseccos gelten die mit dem »DOC«-Siegel. Produkte aus der gleichen Traube, aber aus anderen Gebieten, tragen die Bezeichnung »IGT«. Gerade bei Prosecco wird oft mit Name und Gestaltung des Etikets die Illusion geweckt, ein hochwertiges Getränk zu kaufen. Der genaue Blick oder nachfragen lohnt sich also immer.

TISCHMANIEREN – WAS EIN GENTLEMAN WISSEN MUSS

Gutes Essen gehört inzwischen zum gepflegten Lifestyle! Damit meine ich aber nicht die unzähligen Kochshows, in denen sich irgendwelche Menschen als absolute Gourmets aufspielen und persönlichen Geschmack mit Kochkunst verwechseln. Nein, es gibt einen merklichen Trend hin zum gepflegten Genießen von guten Speisen. Und wo könnte man dieser wunderbaren Tätigkeit besser nachgehen als bei einem romantischen Date mit einem tollen Mann? Zuerst verwöhnt man nur Geschmacksknospen, später dann alles andere. Das gemeinsame Abendessen kann ein fantastisches Ritual zwischen zwei Menschen sein.

Da der schwule Mann an sich auch ein sehr geselliger ist, gibt es in seinem Leben recht häufig Dinner in großer Runde, sei es bei sich zu Hause oder als Gast bei anderen. Für solche Fälle will das richtige Benehmen gelernt sein. Denn es gibt einige Regeln, die eine gute gemeinsame Speise erst zum wahren Gala-Abendessen machen. Es ist nicht damit getan, ein Stück Fleisch hinunterzuschlingen, zu rülpsen und die Füße auf den Tisch zu legen. Damit beeindruckt man sicherlich nur ganz selten. Vielmehr macht es einen unglaublich männlichen Eindruck, wenn man sich vor Ort entsprechend souverän zu benehmen weiß. Es kann als echter Mann also nie schaden, gute Tischmanieren vorweisen zu können!

Auch wenn es spießig klingt, aber ein wenig Knigge schadet nie …

Coole Location

Willst du einen Kerl wirklich mit einem Abendessen beeindrucken, dann reserviere einen Tisch in einem der besten oder angesagtesten Restaurants der Stadt. Eines jener Lokale, von denen man sonst nur in den Society-News der Klatschspalten in der Zeitung liest. Gib alles, damit du dort einen guten Tisch bekommst. Alleine die Tatsache, dass du einen Kerl an einen sagenumwobenen Ort führst, wird ihn auf die Knie fallen und nicht nur sein Herz öffnen lassen. Sitzt dort am Nebentisch auch noch irgendein Promi, wird er dir sowieso komplett verfallen. Oberflächlich? Ist doch egal! Im Eroberungskampf um ein Herz ist alles erlaubt!

Gib aber vor Ort niemandem zu erkennen, dass du noch nie hier warst. Verfalle nicht in übersteigerte Arroganz, werde nicht nervös oder unsicher. Verhalte dich einfach so, als würdest du in deine Stammkneipe gehen – eben mit der Ausnahme, dass du dir keinen Tisch selber aussuchen kannst. Den bekommst du nämlich zugewiesen! Also immer schön am Eingang warten, bis man dich platziert. Ansonsten wird man dir nämlich sicherlich den schlechtesten Platz im Laden aufs Auge drücken.

Gabel und Messer

In einem wirklich feinen Restaurant ist der Tisch bei der Ankunft in der Regel bereits mit jeder Menge Zubehör gedeckt – du bekommst also nicht bei jedem neuen Gang frisches Besteck an den Platz gebracht. Da sieht man sich dann einer Unzahl verschiedener Messer, Gabel, Löffel und Teller gegenüber. Das kann für ganz schön große Verwirrung sorgen. Dabei ist das System ganz einfach: Man arbeitet sich beim Besteck von außen nach innen vor – also, das äußerste Besteck für den ersten Gang, das nächste für den zweiten und so weiter.

Auf das Besteck packst du dir aber bitte keine Riesenhappen, egal, wie lecker es ist, sondern kleine Stückchen Fleisch oder Gemüse. Sonst sitzt du minutenlang kauend und mit dicken Backen am Tisch – wahrlich kein gutes Benehmen und respektlos gegenüber deinem Date. Oder wolltest du etwa auch noch mit vollem Mund sprechen?

Zwischen den einzelnen Bissen legt man das Besteck ab und hantiert nicht schmatzend mit Messer und Gabel herum. Iss gemütlich – keiner hetzt dich!

Auch das Besteckablegen will gelernt sein. Lege Messer und Gabel niemals direkt auf dem Tisch ab oder so, dass es halb auf dem Teller halb auf dem Tisch liegt. Das Besteck wird überkreuz auf den Teller gelegt. Das ist ein Zeichen an den Kellner, dass du noch nicht zu Ende gegessen hast. Dabei zeigen die Zacken der Gabel stets zum Teller.

Hast du ein Gericht aufgegessen oder genug davon, dann platziere Messer und Gabel parallel vertikal auf dem Teller, also so, dass beide in die gleiche Richtung »zeigen«. Das bedeutet für den Kellner »Ich bin fertig!«, dann räumt der nämlich ab.

Suppenlöffel

Suppenlöffel liegen manchmal nicht in der entsprechenden Abfolge mit Messer und Gabel neben dem Teller, sondern sind darüber aufgereiht. Dann geht man die Reihenfolge von oben nach unten durch.

Die Suppe isst du so, dass der Teller oder die Schale immer auf dem Tisch stehen bleibt. Greif also nicht mit beiden Händen zu, um die letzten Tropfen wie aus einem Becher zu trinken – selbst wenn die Suppe wirklich hervorragend ist. Zusätzlich gibt es auch noch Regeln, *wie* man die Suppe richtig zu löffeln hat. Niemals mit dem Löffel zum Körper hin löffeln, sondern stoße den Löffel sozusagen von der Mitte des Tellers aus weg von dir, hin zum oberen Tellerrand. Dann beweg den Löffel zum Mund – und niemals den Mund zum Löffel! Der Löffel wird auch nie ganz in den Mund gesteckt. Stattdessen trinkt man die Suppe vom Rand des Löffels – nach Möglichkeit, ohne dabei ordinär zu schlürfen.

Die Serviette

In einem guten Restaurant ist die Serviette immer aus Stoff und wird direkt nach dem Setzen aufgefaltet und auf den Schoß gelegt. Steck sie dir niemals in den Kragen vor das Hemd, um dich so vor Spritzern zu schützen – wenn du nicht tropffrei essen kannst, solltest du das schleunigst trainieren (das Geheimnis von »sauberem ordentlichem« Essen ist, nur sehr kleine Happen auf Löffel oder Gabel zu nehmen).

Ansonsten ist die Serviette dazu da, den Mund abzutupfen – nicht, um ihn abzuwischen. Das Teil ist schließlich kein alter Putzlappen.

Solltest du aus irgendeinem Grund während des Essens aufstehen müssen, entschuldige dich und lege die Serviette auf deinen Sitz – nicht auf den Tisch. Dann weiß der Kellner, dass du zurückkommst. In der Regel wirst du bei deiner Rückkehr an den Tisch eine neue Serviette über der Stuhllehne finden – der Kellner hat sie nämlich ausgetauscht.

Pack die Serviette nach dem Essen bloß nicht zusammengeknüllt auf den Teller – das ist wirklich eine Todsünde. Falte sie ordentlich zusammen und lege sie links neben den Teller.

Wein

Zum Thema Wein: Normalerweise wird man in einem guten Restaurant zu jedem Gang einen anderen Wein bekommen. Man kann dieses Spielchen mitmachen und bekommt so jeweils die passende Sorte zur entsprechenden

Speise. Mich persönlich nervt es allerdings, ständig einen anderen Wein zu trinken, wovon mir die Hälfte meist nicht mal schmeckt. Oft hat man dann mehrere halbgefüllte Gläser unterschiedlichen Weins um seinen Teller stehen, der Kellner räumt ja erst ab, wenn das Glas leer ist, und hat das Gefühl, in einer schäbigen Trinkhalle zu sitzen. Ich habe mir inzwischen angewöhnt, und es ist vollkommen akzeptabel, dies zu tun, gleich zu Beginn eines Essen zu sagen: »Ich bleibe beim gleichen Wein!« Dann suche ich mir einen guten Rotwein aus, und schon habe ich die Sorge, welches Glas wann wohin gehört, nicht mehr und kann entspannt den Abend über ein gutes Getränk genießen. Auf angebotene Dessertweine als Abschluss verzichte ich ebenfalls. Die sind meist ekelhaft süß und sorgen gerne mal für einen dicken Kopf. Aber das ist natürlich Geschmackssache.

Ansonsten sollte man sich angewöhnen, für jeden Schluck Wein, einen Schluck Wasser zu trinken. So bleibt man halbwegs nüchtern und trinkt den Wein nicht wegen des Dursts, sondern für den Genuss. Magst du keinen Wein mehr, bedecke nicht mit der Hand das Glas, sag dem Kellner einfach, dass du keinen mehr magst. Oder lass das Glas stehen. Wenn es nicht mehr leer wird, wird auch keiner mehr etwas nachschenken wollen.

Apropos einschenken: Es mag großzügig erscheinen, aber solltest du selber einmal Wein oder Champagner einschenken, fülle das Glas niemals ganz. Ein Drittel ist das Maximum von dem, was man einschenken sollte. Alles andere gilt als extrem vulgär – du würdest deinen Gästen unterstellen, sie wären schwere Alkoholiker

Gläser

Normalerweise hat man an der oberen rechten Seite des Tellers zwei oder mehr Gläser stehen. Das große schalenförmige Glas ist für den Rotwein bestimmt. Darunter steht das Weißweinglas, das kleiner ist. Daneben steht das schmale hohe Glas für den Champagner, und ganz unten steht das Wasserglas. Das kann entweder ein normaler Trinkbecher oder ein stabileres kleines Weinglas sein. Entscheidest du dich zu Beginn des Abends für ein bestimmtes Getränk und möchtest nicht wechseln, werden die nicht benötigten Gläser abgeräumt.

Solltest du jemals in Versuchung kommen, einen Toast aussprechen zu wollen, dann klopfe niemals mit einem Gegenstand an das Glas, um die Aufmerksamkeit auf dich zu ziehen. Räuspere dich einfach mehrmals laut, dann kapieren die anderen schon, was du willst. Die dämliche Angewohnheit, mit dem Löffel an das Glas zu schlagen, gilt als unheimlich unhöflich. Denn höchst-

wahrscheinlich beschädigst du dabei das teure Glas, sodass es beim nächsten Spülen zerspringt.

Hinsetzen

Zum Thema Sitzordnung: Bist du mit deinem Liebsten zu zweit unterwegs, gibt es da ja keine Probleme. Seid ihr aber zu einem größeren Essen eingeladen, gibt es ein paar Sachen zu beachten:

Im Idealfall hat der Gastgeber Namenskärtchen an den entsprechenden Platz gestellt, sodass es keine Verwirrung gibt. Akzeptiere dann den dir zugewiesenen Platz und fang nicht an rumzumeckern. Partner sitzen sich in der Regel gegenüber, niemals nebeneinander. Man versucht, Gäste so zu platzieren, dass sich Fremde und Freunde abwechseln und gut mischen. Oft sagt der Platz, an dem man sitzt, etwas darüber aus, wie man vom Gastgeber geschätzt wird. Ich nehme so was ganz schön persönlich, wenn ich nicht in unmittelbarer Nähe des Gastgebers sitze!

Am Tisch selbst behalte deine Ellbogen bei dir, gestikulier nicht zu heftig und lass deine Füße nach Möglichkeit flach auf dem Boden. Es ist ziemlich unschick, sich während eines Essens auf dem Stuhl zu fläzen, die Beine auszustrecken, sie übereinanderzuschlagen und womöglich andere Gäste ans Schienbein zu treten. Mutti würde sagen: »Vergiss deine gute Kinderstube nicht«!

Brot

In guten Restaurants steht selten ein Brotkorb auf dem Tisch, an dem sich jeder selbst bedient, sondern ein Kellner geht herum und bietet verschiedene Sorten an. Auch da greifst du nicht selbst zu, sondern sagst, was du gerne hättest. Der Kellner legt dir dann das entsprechende Teil auf den dafür vorgesehenen Brotteller, der links neben dem großen Speisetellern steht. Brot wird niemals geschnitten – sondern kleine Stücke davon abgebrochen, um es zu essen.

Gibt es Butter zum Brot, dann liegt in der Regel ein spezielles Buttermesser am Brotteller bereit. Schmier dir aber keine Butterstulle, sondern bestreiche jedes Stück Brot neu mit ein bisschen Butter, bevor du es verschlingst.

Im Gespräch

Ein wirklich schwieriges Kapitel. Essenziell für erfolgreiche Konversation an einer großen Tafel ist die Kunst des Small Talks.

Kennt man nicht alle Gäste an einem Tisch, dann sollte man auf jeden Fall darauf verzichten, über Politik, Religion, Sex oder andere kontroverse Themen zu sprechen – schließlich möchte man ja nur ungern einen Eklat provozieren. Es ist bei einem Essen auch wirklich nicht nötig, mit seiner persönlichen Meinung zu bestimmten Dingen hausieren zu gehen – manchmal ist Schweigen einfach die eleganteste Lösung!

Gibt irgendjemand wirklich strunzdumme Ansichten zum Besten, ignorier diese Person einfach und vermeide künftigen Kontakt – das ist sehr viel entspannender, als sich einer Auseinandersetzung auszuliefern.

Die Gesprächzeit am Tisch sollte man in gleichen Teilen zwischen dem linken und rechten Sitznachbarn aufteilen. Es gilt als unglaublich unhöflich, sich den ganzen Abend nur einer Seite zuzuwenden. Selbstverständlich ist es schwer, sich mit Fremden einfach so zu unterhalten, aber vergiss nicht: Du bist für diese Person ja ebenfalls fremd, und so kann man sich wunderbar an oberflächlichen Themen entlanghangeln. Wer weiß, vielleicht stellst du plötzlich fest, dass der Mensch neben dir ein ziemlich unterhaltsames Wesen ist. Diese Regel der gleichwertigen Redezeit nach links und rechts ist eine der strengsten Tischregeln. Sie ist so strikt, dass folgende Geschichte einer sehr angesehenen High-Society-Dame überliefert ist, die bei einem Charity-Dinner neben ihrem Erzfeind platziert wurde. Um nicht mit den Tischmanieren zu brechen, aber gleichzeitig auch nicht gezwungen zu sein, mit dieser Persona non grata zu sprechen, rezitierte sie einfach den halben Abend lang immer wieder das Alphabet in seine Richtung, ohne dabei eine Miene zu verziehen – das ist echter Stil!

Eine gute Faustregel, um ein Gespräch mit einer fremden Person zu beginnen, ist es, eine höfliche allgemeine Frage über eben jene Person zu stellen. Selbstverständlich sollte das keine intime Frage sein, eher etwas in der Art wie: »Woher kommst du?«, »Woher kennst du den Gastgeber?«, »Wie findest du die Vorspeise?«. Immer ein Knaller ist auch: »Klasse Wein, weißt du genau, welcher das ist?« – und – zack – spricht man stundenlang über Belanglosigkeiten –, schließlich lieben es die meisten Menschen, über sich selbst und ihr Wissen zu sprechen. So erscheinst du wie ein unglaublich guter, sympathischer Zuhörer.

Schwere Kost

Es gibt zahlreiche Speisen, die sind unglaublich lecker, aber verdammt schwierig zu essen. Man erinnere sich nur an die klassische Szene in »Pretty Woman«, in der Julia Roberts sich in einem Restaurant mit einer Weinbergschnecke abmüht, bis diese ihr aus der Zange quer durch den Raum flutscht. Peinlich! Damit es dir nicht ebenso geht, hier ein paar der gängigsten Stolperfallen beim feinen Mahl:

TOP SIX GOURMET-TRICKS

6 Gibt es ganze Früchte als Nachtisch, liegt meist schon ein entsprechendes Besteck bereit. Also muss man das Obst dann auch mit Messer und Gabel essen – wahrlich nicht immer eine leichte Aufgabe.

5 Artischocken sind nicht nur ein absolutes Schönheits-Lebensmittel, sie sind auch extrem gesund und schmecken köstlich. Zuerst zupft man einzelne Blätter ab, hält sie am spitzen Ende und tunkt sie dann in einen der vorhandenen Dips. Dann saugt man den Inhalt aus dem fleischigen Ende des Blattes. Den Rest legt man auf den dafür bereitstehenden Teller. Sind alle Blätter verspeist, bleibt noch das Herz der Artischocke – das beste Stück! Da muss man zuerst mit einem scharfen Messer die feinen Härchen so absäbeln, dass wirklich nur das »Fleisch« übrig bleibt. Das kann man dann aber wieder ganz normal mit Messer und Gabel verspeisen.

4 Spargel: Es gibt einen Unterschied in der Essmethode von grünem und weißem Spargel. Vom grünen Spargel nimmt man eine Stange mit der linken Hand, taucht sie in die Soße oder Butter und isst ihn Stück für Stück. Hat man einen festen, holzigen Stumpf, muss man diesen nicht essen, sondern legt ihn zurück auf den Teller. Den dickeren weißen Spargel dagegen isst man ganz klassisch mit Messer und Gabel – niemals mit den Fingern.

3 Schnecken: Diese glitschigen Dinger sind wahrlich nicht einfach zu essen. Deshalb werden sie normalerweise mit einer speziellen Zange und einer Gabel serviert. Mit der Zange packt man sich eine Schnecke, hält sie ganz fest und zieht dann mit der Gabel das Fleisch aus der Schale. Bon Appétit!

2 Austern werden geschlürft! Wirklich? Eben nicht! Das ist ein weit verbreiteter Irrtum. Den wahren Gourmet erkennt man daran, dass er die Auster nach dem Schlürfen ordentlich zerkaut. Erst so eröffnet sich der eigentliche Geschmack der schleimigen Dinger.

1 Kaviar wird in der Regel nie pur gegessen. Zu dem meist kleinen Häufchen Fischeier, die man auf dem Teller liegen hat, werden unterschiedliche Beilagen gereicht, die man mit dem Kaviar vermischt isst. Von geraspeltem Eiweiß und Eigelb bis zu Sauerrahm und klein gehackten Zwiebeln reichen die Beilagen. Einen guten Kaviar erkennst du daran, dass er sich ganz leicht am Gaumen mit der Zunge zerdrücken lässt. Kaviar darf nie hart sein und im Mund »platzen«. Schmeckt er fischig, ist es in der Regel eine billige Sorte. Man sollte eigentlich immer nach Beluga-Kaviar aus dem Iran fragen. Der kostet zwar die Bombe, aber wenn schon, denn schon!

Allgemeines

- Wenn du eine bestimmte Speise nicht magst, mach kein Thema daraus! Stocher einfach elegant mit dem Besteck darin herum, sodass es aussieht, als hättest du zumindest ein wenig davon gegessen.
- Ist eine Speise zu heiß, puste nicht drauf, um sie abzukühlen. Warte einfach, bis das Essen von selbst kühler wird.
- Absolut tabu ist es, egal wie lecker die Speise war, das Messer oder den Teller abzulecken! Sollte noch etwas köstliche Soße auf dem Teller sein, auf die du keinesfalls verzichten magst, dann tunke sie auf mit dem bereitstehenden Brot.
- Hast du einen Gang beendet, schieb nicht den Teller zur Seite. Das ist ziemlich unhöflich. Warte einfach ab, bis abgeräumt wird, so schwer ist das ja auch nicht.
- Ein Fehler, der gerade durch Unsicherheit oft entsteht, aber tunlichst vermieden werden sollte, ist Unhöflichkeit gegenüber dem Personal. Behandle die Kellner höflich und freundlich. Eine herablassende Art sorgt nur dafür, dass dein Ansehen bei allen Anwesenden sinkt und dir irgendjemand in der Küche in dein Essen spuckt – egal, wie fein das Restaurant ist.
- Wenn du etwas trinkst, lege vorher das Besteck zur Seite. Halte nie ein Glas und das Besteck gleichzeitig in der Hand.
- Bleibe nie zu lange auf einer Einladung. Sei nicht der letzte Gast, der geht!
- Wenn du gehst, bedanke dich anständig für den Abend beim Gastgeber. Schicke am nächsten zusätzlich eine E-Mail oder noch besser einen Dankesbrief.
- Bist du dir unsicher über bestimmte Verhaltensregeln, dann beobachte einfach unauffällig, wie die anderen Gäste es machen, und kopiere deren Verhalten. Damit gehst du immer auf Nummer sicher. Außerdem wirkt man so immer ganz höflich und bescheiden.

BEZIEHUNG BEENDEN

Zurück von den Details, mit denen man seinen Traummann beeindrucken kann, hin zu einem eher unangenehmen Thema: Selbst die größte Liebe kann einmal zu Ende gehen!

Die Gründe sind dafür ebenso vielfältig, wie es Menschen gibt. Deshalb ärgert es mich, wenn Paartherapeuten immer die gleichen Warnsignale für das bevorstehende Ende einer Beziehung nennen – bei manchen Paaren sind vielleicht genau diese Signale die größten Liebesbeweise. Außerdem führt unter Umständen gerade die Suche nach solchen Verhaltensweisen beim Partner dazu, dass eine eigentlich glückliche Beziehung in die Brüche geht. Aber machen wir uns nichts vor: Schwule Partnerschaften sind in der Regel kurzlebiger als die klassische Hetero-Verbindung. Trotzdem ist Schlussmachen jedes Mal ein absoluter Horror. Ist die Beziehung nicht in erbittertem Streit auseinandergegangen, und man mag den Kerl eigentlich noch, dann möchte man ihn ja auch nicht verletzen. Manchmal bleibt einem aber nichts anderes übrig. Es gibt 5 typische Verhaltensmuster beim Beenden einer Beziehung:

- Der »Klemmi«, der Gefühle vorspielt, bevor er endlich den Mut hat, Schluss zu machen
- Der »Feige«, für den die Schuld immer beim anderen liegt und der sich immer als Opfer sieht
- Der »Stilist«, der tatsächlich versucht, eine elegante Lösung zu finden, die für alle Beteiligten akzeptabel ist
- Der »Moderne« macht es kurz und schmerzlos per SMS oder E-Mail
- Der »Offensive«, der mit aller Gewalt einen Riesenkrach heraufbeschwört, sodass es leicht ist, sich im Wirbelsturm der Gefühle zu verabschieden.

Es gibt aber auch Situationen, da bleibt ein Kerl bei einem Partner, der ihn schlecht behandelt, ohne dass er weiß, warum. Vielleicht belügt er dich oder macht dir das Leben sonst wie zur Hölle, aber aus irgendeinem Grund kommst du einfach nicht von ihm los – das ist eine verdammt schwierige Situation. Wer jetzt sagt: Der Sex ist so toll, deshalb lass ich mich wie ein Stück Dreck behandeln!«, der ist wirklich selbst Schuld an seiner Misere.

Wenn du spürst, dass in deiner Beziehung aus irgendeinem Grund der Wurm drin ist, musst du sofort aktiv werden. Finde die Ursache heraus. Sonst staut sich der Frust schnell auf, und du beendest im Affekt eine potenziell perfekte Beziehung, nur weil dein Kerl die Zahnpastatube immer offen rumliegen lässt – klingt nicht sonderlich originell, aber leider sind es immer die alltäglichen Dinge, die ein emotionales Fass zum Überlaufen bringen.

Um die Entscheidung einfach zu machen, ob du die Beziehung weiterführen sollest, stell dir einfach mal folgende Fragen und beantworte sie ehrlich – außer dir wird ja nie jemand die Antwort hören. Gefallen dir deine eigenen Antworten nicht, weil sie sich nicht mit deiner Lebensphilosophie decken, dann wird es höchste Zeit, dass du deine Beziehung überdenkst und dich vielleicht nach jemand Neuem umschaust.

Warnsignale in einer Beziehung

Ein erstes Warnsignal sollte es immer sein, wenn du merkst, dass du bestimmte Themen oder Probleme in der Partnerschaft nicht ansprechen kannst, ohne dass es zu Streit oder verletzten Gefühlen kommt. Aus solchen Situationen musst du schnell einen Weg herausfinden, sonst schleppst du einen Konflikt lange Zeit mit dir herum, und das tut niemanden gut!

- Wurdest du schon häufiger schwer enttäuscht oder verletzt von deinem Partner?
- Hast du das Gefühl, du und deine Interessen sind deinem Partner egal?
- Hast du das Gefühl, er ist egoistisch?
- Fühlst du dich manipuliert von deinem Partner?
- Kann er Fehler eingestehen und sich entschuldigen?
- Kann er dir verzeihen?
- Geht er Kompromisse auch in kleinen Dingen des Lebens ein?
- Wenn er wütend ist, bekommst du manchmal sogar Angst vor ihm?
- Wie behandelt er andere Menschen, wenn er wütend ist?
- Hat er dich bedroht oder sogar schon geschlagen?
- Hat er ein offenes Ohr für deine Wünsche?
- Vertraust du ihm?
- Ist er ehrlich und zuverlässig?
- Hat er ein Alkohol- oder Drogenproblem?
- Verstärkt er deine Probleme im Leben, oder macht er die Dinge einfacher?
- Seid ihr beide stolz darauf, zusammen gesehen zu werden?

Für die Antworten ist es erst mal egal, ob deine Befürchtungen wirklich zutreffend sind. Sie sind es für dich, und dafür gibt es einen Grund! Es ist für *dich* etwas nicht in Ordnung, und die Ursache musst du herausfinden. Du musst darauf achten, ob du Probleme außerhalb der Beziehung eventuell auf ihn projizierst oder ob er dir tatsächlich nicht guttut. Warnsignale sind immer ernst zu nehmen, aber auch genau zu analysieren, bevor man handelt! Manchmal sind es Dinge, die eher unbewusst wahrgenommen werden, aber schon alle Alarmsignale aufleuchten lassen – wie zum Beispiel in folgenden Situationen:

Vielleicht ist er zu dir zuvorkommend und lieb, aber du beobachtest, wie er in der Regel andere Menschen schlecht behandelt. Dann ist das ein Warnzeichen, dass du vielleicht irgendwann zu diesen »anderen« Menschen für ihn gehören könntest.

Wenn du feststellst, dass er in Probleme damit hat, Verpflichtungen gegenüber der Arbeit, Freunden oder dem Sport einzuhalten, dann kann es sehr gut passieren, dass er sich entgegen aller Treueschwüre an seine Verpflichtung dir gegenüber auch nicht mehr gebunden fühlt.

Ebenfalls solltest du stutzig werden, wenn du nie seine Familie oder Freunde von ihm triffst. Es könnte dann gut sein, dass er nicht mit dir gesehen werden will.

Sein Verhalten in Konflikten mit anderen ist immer ein Vorzeichen dafür, wie er dich in Zukunft behandeln wird – dieses Phänomen wurde eingehend untersucht und ist wissenschaftlich belegt. Stellst du schon relativ früh in einer Beziehung fest, dass er zu Gewalt neigt, sei extrem vorsichtig. Am Anfang mag sich die Wut noch gegen Gegenstände richten, aber im Laufe der Zeit wird er seine Rücksicht gegenüber dir verlieren. Greife sofort ein und bestehe darauf, dass er sich behandeln lässt.

Achte auch darauf, wie er über Ex-Partner spricht. Das ist immer ein sehr deutlicher Hinweis, wie er generell mit Menschen umgeht.

Und so brutal das klingt: Findest du heraus, dass er Probleme mit Alkohol oder Drogen hat, mach sofort Schluss. Glaube nicht an die Mär, dass Liebe alles heilen kann. Du bist kein Arzt und solltest es in einer Beziehung auch nicht sein. Gegen eine Sucht kann Liebe nichts ausrichten. Entweder er lässt sich behandeln oder du gehst. Sofort!

Es muss aber nicht immer gleich Schluss sein. Könnt ihr euch noch einigermaßen austauschen und wollt beide gern die Beziehung retten, sucht Hilfe bei einem Paartherapeuten oder Paar-Coach. Speziell für schwule Paare gibt es da

inzwischen jede Menge Angebote, und oft sind es nur kleine Veränderungen im Alltag, die zu einer glücklichen Homo-Ehe führen. Ich spreche in diesem Fall gleich doppelt aus Erfahrung: Zum einen ist meine Beziehung durch ein paar intensive Sessions bei einem Coach vom Kopf wieder auf die Füße gestellt worden, und zum anderen habe ich durch meine eigene Arbeit als Coach schon eine Menge zerstrittener Paare wieder glücklich aus meiner Tür gehen sehen.

Wenn alles nichts hilft: Sei radikal!

Mach Schluss! Ohne Wenn und Aber! Sei direkt, ehrlich und konsequent. Zieh einen Schlussstrich und verzichte bei jeder Entscheidung und Erklärung auf das Wort »aber«. Nur wenn du ganz im Reinen mit dir selbst über dein Handeln bist und dies auch vermittelst, wird es ein halbwegs schnelles, schmerzarmes Ende für euch beide. Verzichte dabei auf Vorwürfe. Sprich nur davon, wie es *dir* geht! Unterlass komplett jede Schuldzuweisung. Du brauchst dich nicht zu erklären! Es geht darum, auf gute Weise etwas zu beenden, nicht darum, einen Rachefeldzug zu führen. Lass dir und ihm die Ehre! Mach auf keinen Fall Schluss per SMS oder durch sonst eine feige Methode. Sei ein Mann!

Der beste Ort zum Schlussmachen ist ein neutraler Ort, an dem es nur schwer zu heftigen Auseinandersetzungen oder Handgreiflichkeiten kommen kann. Verzichte also darauf, es bei dir oder ihm zu Hause zu tun. Verzichte außerdem nach dem Ende einer Beziehung darauf, die üblichen gemeinsamen Treffpunkte, wie Sportstudio, Bars oder Supermarkt, aufzusuchen. Hab die Größe, etwas mehr Aufwand auf dich zu nehmen, um die Trennung einfacher für euch beide zu machen.

Das Wichtigste überhaupt: Verzichte auf das berühmte »Noch-ein-letztes-Mal« – danach ist die Rückfallquote enorm, und die nächste Trennung wird noch schwerer.

Ergreife das Ende einer Beziehung als Chance! Denn ein Ende ist immer auch ein Anfang.

Neue Abenteuer warten in deinem Leben auf dich. Versuch nicht verzweifelt, sofort einen neuen Partner zu finden. Lerne dich selbst wieder als Single-Mensch kennen. Erfülle dir deine innersten Wünsche! Vielleicht gibt es einen Sport, den du immer lernen wolltest, ein Urlaubsziel, das du schon immer besuchen wolltest, oder einfach mal ein ganze Wochenenden lang nur DVDs schauen – jetzt hast du endlich Zeit, all das zu tun, was dir in der Seele im entsprechenden Augenblick guttut!

P.S.: Sollte dein Kerl mit irgendwelchen Erpressungsversuchen à la »Wenn du gehst, bring ich mich um!« auffahren, dann geh sofort! Dreh dich nicht um! Lass ihn stehen oder leg den Hörer auf. Sag ihm deutlich, dass so eine Masche das Allerletzte ist.

Denk mal drüber nach, was der Typ da mit dir machen will – durch Erpressung zur Liebe. Da kannst du nur so wütend werden, dass du ihm persönlich das Fenster öffnest, damit er springen kann!

Solltest du dir tatsächlich ernsthafte Sorgen machen, rufe bei Freunden von ihm an oder bei seiner Familie, und bitte sie darum, nach ihm zu sehen. Verbiete ihnen aber, ihm zu sagen, dass er mit dir Kontakt aufnehmen soll.

BEENDEN SMS

Selbst bei den besten Absichten geht das Schlussmachen manchmal ganz schön in die Hose, und nichts läuft so flüssig und elegant, dass beide Parteien einigermaßen unbeschadet und ohne größere psychische Verletzungen aus der Situation herauskommen. Manchmal ist das Beenden einer Beziehung einfach auch Notwehr, weil der Partner ein echtes Arschloch ist und man es leider viel zu spät gemerkt hat.

Der beste Weg, so einen Kerl abzuschießen, ist – und hier bestätigt die Ausnahme die Regel – immer noch die fiese SMS! Dank der digitalen Ohrfeige muss man ihm dann wenigstens nicht mehr in sein blödes Gesicht schauen. Falls dir mal vor Wut auf den Kerl die richtigen Worte fehlen, hier meine persönliche »Es-ist-aus!«-SMS-Sprüche-Top Ten:

10 Aus Liebe zu dir habe ich auf mich verzichtet! Es wäre besser gewesen, ich hätte aus Liebe zu mir auf dich verzichtet!

9 Grad hab ich an dich gedacht,
wie es dir wohl gehen muss?
Doch dann hab ich gelacht, gab meinem Neuen einen Kuss;-)
..Endlich Schluss!

8 Ich weiß gar nicht, wie ich ohne dich leben soll. Aber ich will es ab morgen mal versuchen.

**TOP TEN
DAS ENDE
PER SMS**

7 Du weißt, ich liebe geistreiche Gespräche. Deswegen kann ich dich leider in nächster Zeit nicht mehr besuchen! Mach's gut!

6 Ich liebe dich!
Ich brauche dich!
Bin verliebt bis in den Tod!
Aber nicht in dich, du Vollidiot!!!

5 Du hast den perfekten Körper, den geilsten Arsch und den tollsten Charakter! … Shit. Falsche Nummer!

4 Wenn dein Ding noch kürzer wäre, würde es zu den inneren Organen zählen! Und ich bin kein Internist! Goodbye!

3 Erst wollte ich es dir ja am Telefon sagen. Aber das finde ich fies.
Das wäre zu einfach, gemein, taktlos. Du sollst es wenigstens schriftlich haben: Es ist aus!

2 Du bist so lieb,
du bist so nett,
doch fürs Bett und mich,
bist du zu fett!

**TOP TEN
DAS ENDE
PER SMS**

1 Habe schon vielen Menschen, die es einfach nicht wert sind, gesagt:
Leck mich am Arsch! Heute ist *dein* Tag!

WOHNEN

*e*iner der intimsten Momente im Leben eines schwulen Mannes ist gekommen, wenn er eine Bekanntschaft zum ersten Mal in seiner Wohnung empfängt – Sex ist eine reine Lappalie dagegen. Denn unsere eigenen vier Wände sagen mehr über uns aus, als uns manchmal recht ist. Ob überordentlich oder chaotisch, durchgestylt oder Obstkisten als Regale, Kunst an den Wänden oder nur ein paar ausgerissene Fotos nackter Männer – die eigene Wohnung ist ein direkter Blick mitten in die Seele eines Mannes. Egal, ob hetero oder schwul. Während Frauen in der Regel jegliche erkennbare Individualität unter Unmengen von Dekor-Objekten verstecken, legt der durchschnittliche Mann seinen Wesenskern bloß.

Schwule Wohnungen nehmen eine so große Sonderrolle ein, dass im Internet schon unzählige Webseiten existieren, die sich mit den abstrusen Einrichtungsunfällen beschäftigen, die Homos auf den Profilbildern von Dating-Seiten offenbaren. Da hängt der Sling neben dem verdorrten Fikus, der auf dem Imitat einer römischen Säule steht, während sich im Hintergrund die dicken Samtvorhänge dramatisch um die Gardinenstange winden. Beliebt sind offensichtlich auch vergammelte Sitzgarnituren, die in allen Farben von Erbrochenem gemustert vor Omas geerbter Biedermeiervitrine eingezwängt in einer Ein-Zimmer-Wohnung stehen, darüber ein kitschiger Kronleuchter, an dem im schlimmsten Fall noch rote Stoffbahnen drapiert sind – es scheint ziemlich häufig so zu sein, dass der gemeine Schwule sich eher zu einer königlichen Laufbahn berufen fühlt, als sich zu einem rein bürgerlichen Leben zu bekennen.

Doch es ist Besserung in Sicht. 17,3 Prozent aller schwulen Männer bezeichnen die eigenen vier Wände als Prestigeobjekt und geben überdurchschnittlich viel Geld dafür aus – so eine aktuelle Untersuchung.

Laut dieser Umfrage soll die perfekte schwule Wohnung große helle Zimmer haben, am liebsten Altbau, und auf jeden Fall über einen Internetanschluss verfügen. Und während Heteros so ziemlich alles egal zu sein scheint, wünschen sich schwule Männer ihre Traumwohnung in Zentrumsnähe, nicht weit von guter Gastronomie und verkehrsgünstig gelegen, also eine gute Anbindung an den öffentlichen Nahverkehr. Die Heteros punkten eigentlich nur bei dem Wunsch, dass eine gute Infrastruktur für Kinder in der Nähe ist, dieses Ansinnen liegt bei Schwulen verständlicherweise weit abgeschlagen.

Die Einrichtung sollte einen gewissen Status widerspiegeln. Besonders beliebte Möbel bei Schwulen sind beispielsweise, zumindest die Kopien davon, der »Barcelona Sessel« von Ludwig Mies van der Rohe oder der »Lounge Chair« von Charles Eames – entsprechend findet man diese Teile inzwischen in so ziemlich jedem besser ausgestatteten Homo-Haushalt.

DER KLEINE EINRICHTUNGS-GUIDE FÜR DIE SCHICKE SCHWULE WOHNUNG

Nicht jeder ist zum perfekten Inneneinrichter geboren, deshalb hier ein klein wenig Hilfe, damit ein schöner Mann in einer noch schöneren Wohnung bestens zur Geltung kommt.

Grundregel: Eine männliche Wohnung sollte eigentlich immer nach klaren Strukturen aufgebaut sein. Alles Verwinkelte, Überladene wird eher als feminin wahrgenommen.

Möbel aus der Kinder- und Jugendzeit mitzuschleppen, geht spätestens dann nicht mehr, wenn man entweder die Uni verlassen oder die ersten grauen Haare auf dem Kopf entdeckt hat. Nichts zeugt von größerer Unreife als ein durchgelegenes Bett, Muttis alte Küche oder ein vollkommen abgewetztes Sofa. Wer seiner Umgebung nicht genug Beachtung schenkt, macht sich verdächtig, sich selbst auch nicht sonderlich wertzuschätzen.

Wer sich nur nach Einrichtungsmagazinen ausstattet, kann niemals Individualität entwickeln – und darum geht es doch in einer Wohnung. Du sollst dich in deinen vier Wänden wiedererkennen. Inspiration ist gut, Kopie aber immer schlecht.

Einrichten aus dem Billig-Möbelhaus ist zwar günstig und auf dem ersten Blick schick, doch die wenigsten wissen, was sie sich da in die Wohnung holen. Das Leder auf dem Sofa ist mit fiesen Chemikalien gegerbt, die sich auch im Pressspan des Schranks wiederfinden. Und um dem ganzen die Krone aufzusetzen, unterstütz man durch die eigene Knauserigkeit beim Einrichten auch noch Kinderarbeit und unfaire Löhne. Also nicht nur über das Elend in der Welt jammern, sondern auch entsprechend rücksichtsvoll leben.

Zu viel ist zu viel! Gerade schwule Männer haben oft das Problem, ihre Wohnung hoffnungslos vollzustopfen – besonders dann, wenn sowieso nur wenig Platz zur Verfügung steht. Sorge stattdessen dafür, dass es in deinen Räumlichkeiten genug Platz zum »Atmen« gibt.

Bleib bei einfachen, eher dunklen Farben, das kommt männlich. Setze Farbtupfer mit Kunst an den Wänden oder durch kleine Accessoires. Verzichte unbedingt auf Farbexperimente, die selbst das ruhigste Gemüt in die Psychiatrie treiben.

Männer müssen bequem wohnen. Achte bei der Auswahl deiner Möbel darauf, dass du wirklich gut in ihnen leben kannst. Auch wenn ein hypermoderner Küchenstuhl unglaublich stylisch aussieht, kann es gut sein, dass deine Gäste nach kürzester Zeit blaue Flecken am Hintern haben, weil das Ding so unbequem ist. Wohlfühlen sollte deine oberste Maxime sein!

Besorg dir Vorhänge oder Jalousien. Gerade in Großstädten fällt der Trend zum »offenen Fenster« auf. Man kann mehr oder weniger der gesamten Nachbarschaft bei den peinlichsten Intimitäten zuschauen, da kein Mensch mehr Vorhänge vor den Fenstern hat. Dabei geben Vorhänge der Wohnung erst eine warme Seele. Selbstverständlich solltest du auf altbackene Gardinen verzichten. Such dir stattdessen gefütterte und blickdichte Vorhangstoffe, die zumindest so großzügig gehängt sein sollten, dass sie nicht wie ein Sparmodell wirken.

Arbeite mit Licht. Wer nicht das Budget für eine ausgefallene Einrichtung hat, der greift zu einem optischen Trick. Verzichte lieber auf eine große Deckenlampe und sorge stattdessen durch einzelne Steh- und Tischlampen für eine elegante Atmosphäre. So wirkt selbst eine kahle Bude wie ein Designtempel.

Verzichte auf Poster wie den Muskelkerl, der Autoreifen oder ein kleines Baby auf seinen Armen trägt. All die klassischen Homo-Poster haben ihr Verfallsdatum seit mindestens 20 Jahren überschritten. Wähle deinen Wandschmuck nicht danach aus, was gefällig ist, sondern häng die Sachen auf, die dich in der Seele berühren.

Sorge dafür, dass deine Küche gut ausgestattet ist, auch wenn du selbst vielleicht nicht gerne oder oft kochst. Inzwischen ist Kochen so beliebt geworden, dass garantiert der nächste Kerl, den du kennenlernst, begeistert sein wird, weil er in deiner Küche alles Nötige findet, um dir fabelhafte Spiesen zu zaubern.

WAS BEWIRKEN FARBEN IN DER WOHNUNG?

Spätestens seit Tine Wittler im Privatfernsehen durch schlecht eingerichtete Wohnungen walzt und an jeder Wand einen anderen grellen Farbklecks hinterlässt, versucht die halbe Nation, ihre Wohnungen in einen Wasserfarbkasten zu verwandeln. Der Mut zur Farbe ist dem Irrsinn der Farben gewichen. Denn erstens sehen die im TV auf billigste Weise hergerichteten Wohnungen nach knapp 2 Monate schon komplett heruntergewirtschaftet aus, und zweitens ist es eine katastrophale Fehleinschätzung zu glauben, dass eine Hartz-IV-Familie in der dritten Generation tatsächlich ein harmonisches Familienleben in einer knallroten Küche führen könnte. Farben beeinflussen uns nämlich mehr, als uns lieb ist. Dazu gibt es jede Menge wissenschaftliche Untersuchungen.

Ich spreche übrigens auch aus eigenerer Erfahrung. In einem Anflug kreativen Wahnsinns glaubte ich, meine Küche müsste apfelgrün gestrichen werden – wer könnte schon der gesunden Frische widerstehen? Weit gefehlt! Kaum hatte ich das Küchenlicht eingeschaltet, warfen die grünen Wände einen äußerst ungesunden Schimmer auf die Gesichter aller Unglücklichen, die sich im Raum befanden, sodass der Eindruck einer Ansammlung halb vergammelter Wasserleichen entstand. Kein Wunder, dass diese Farbe nicht lange an meinen Wänden blieb.

Deshalb hier eine kleine Entscheidungshilfe über Farben und ihre Wirkung in Wohnräumen.

Rot ist zwar die Farbe von Liebe und Leidenschaft, dafür muss man aber den richtigen Ton treffen und den dann nur in homöopathischen Dosen einsetzen. Denn in der Regel erregt Rot Aggressivität und sorgt für gespannte Stimmung. Außerdem wirkt Rot dermaßen appetitanregend, dass die Sommerfigur schnell dahin ist. Statt roter Wände lieber gezielt mit rotem Licht arbeiten. Dann macht es nicht nur hungrig auf fette Speisen, sondern auch gierig nach geilem Sex!

Gelb ist in der Szene zwar die Signalfarbe für alle Freunde von Natur-
sekt, in der Wohnung allerdings steht die Farbe für Freude und Opti-
mismus. Gelb lindert außerdem Ängste und Depressionen und wirkt
entgiftend – allerdings nur, wenn man unbelastete Bio-Farbe verwendet.
Reines Gelb lässt kleine Räume größer wirken und fördert Konzentration und
Kreativität – also die ideale Farbe fürs Arbeitszimmer.

Dunkles Grün wirkt beruhigend und harmonisierend. Sogar Wut und
Liebeskummer sollen durch grüne Farbtöne gelindert werden. Es kann
also nicht schaden, sich eine grüne Ecke in der Wohnung einzurich-
ten. Die grüne Farbe kann natürlich auch durch Pflanzen in die Wohnung
kommen.

Blau ist eine der intensivsten Farben, die man in seiner Wohnung einsetzen kann. Ein dunkles Yves-Klein-Blau sorgt beispielsweise für eine
wohlige Melancholie, während ein helles Himmelblau Leichtigkeit in
ein Zimmer bringt. Es empfiehlt sich am meisten für Schlafzimmer, denn
Blau hilft gegen Schlafstörungen und sorgt für geistige Klarheit.

Grau ist das neue Weiß. Ein helles Grau ist die perfekte Wandfarbe, da
es eine elegante Zurückhaltung ausstrahlt und gleichzeitig unglaublich
edel wirkt. Man sollte es aber mit Loriot halten und auf ein langweiliges Mausgrau verzichten. Besser man lässt sich bei der Wahl des perfekten
Farbtons von einem Experten beraten. Besonders in Kombination mit weißen
Decken wirkt grau hochherrschaftlich.

Braun ist eigentlich eine ideale Farbe für jede Wohnung. Es ist die ruhige
Erdfarbe, die Geborgenheit vermittelt. Sie wird bei Gleichgewichtsstö-
rungen in der Farbtherapie eingesetzt. Allerdings nicht die klassische
Siebzigerjahre-Kackfarbe, sondern ein modernes elegantes Braun. Wer
Zweifel an Braun hat, der sollte sich bewusst machen, dass seit Ende 2009
Braun die kommende Farbe der Automodelle der Zukunft ist. Und zwar ein
Braun, das eher als »Kaffee« wahrgenommen wird und nicht als öde Schlamm-
farbe.

LEG DICH FLACH! – DIE RICHTIGE MATRATZE

Wir verbringen knapp ein Drittel unseres Lebens im Bett – und damit ist nur die Zeit gemeint, in der wir im Bett auch wirklich schlafen. Trotzdem wird das Schlafzimmer, und besonders das Bett, in einem schwulen Haushalt oft vernachlässigt. Während die Küche ausgestattet ist wie im Drei-Sterne-Lokal, im Wohnzimmer schicke Sitzmöbel und ein riesiger Flachbildfernseher stehen, lauert im Schlafzimmer eine uralte Matratze in einem billigen Holzgestell vom schwedischen Möbeldiscounter. Wahren Style erkennt man aber nicht an den protzig präsentierten Einzelstücken einer Wohnung, sondern an der Liebe zum Detail – dem Bewusstsein für Qualität und der offensichtlichen Bereitschaft, sich selber Gutes zu tun. Und wo kann man sich wohl Besseres tun als im Bett? Nirgends! Nicht nur, weil man sich darin allerlei fleischlicher Gelüste hingeben kann, sondern weil guter Schlaf essenziell für die körperliche und geistige Gesundheit ist. Wer schlecht schläft, wird unkonzentriert, ist schlecht gelaunt und schneller erkältet. Denn im Schlaf findet der Körper Zeit, Krankheiten zu bekämpfen, das Gehirn verarbeitet die Eindrücke des Tages und die im Sportstudio auftrainierten Muckis haben Zeit zu wachsen. Darüber hinaus belegen Studien, wer nicht genug schläft, wird schneller dick!

Viele glauben, dass es die alte Matratze, die man seit Jahren mit sich rumschleppt, noch prima tut. Das liegt aber nur daran, dass sie noch nie davon gehört haben, dass Menschen jede Nacht etwa 1,5 Milligramm Hautschuppen verlieren. Davon ernähren sich ungefähr 10 000 Milben, die in der Matratze leben. Bei dem Gedanken an die Milliarden von Milben, die ich inzwischen kiloweise mit meinen und fremden Hautfetzen gefüttert habe, wird mir ehrlich gesagt schlecht.

Deshalb achte ich darauf, regelmäßig eine neue – qualitativ hochwertige – Matratze zu kaufen. Auch der Fachmann rät alle 8 bis 10 Jahre zu einer neuen Matratze.

Wie findet man denn nun die richtige Matratze?

Hier die gängigsten Regeln zum Kauf einer erschwinglichen Matratze, die jeden Schlaf versüßen wird.

Der Gang ins Spezialgeschäft ist unausweichlich, denn ohne die Beratung eines Fachmanns und das Probeliegen erhält man am Ende eine Matratze mit dem Komfort eines indischen Nagelbretts. Je nach Körperbau, Gewicht und möglichen Krankheiten ist die »richtige« Matratze individuell ganz verschieden.

Zuerst einmal ist die Härte einer Matratze entscheidend. Mediziner des Ergonomie-Instituts München haben mit Dummys individuelle Schlaffstellungen getestet und festgestellt, wie wichtig es ist, dass die Matratze an den entsprechenden Stellen nachgibt. Eine zu harte Matratze entlastet das Skelett nicht, die Folge sind Verspannungen.

Die gesunde Wirbelsäule hat von Natur aus eine Doppel-S-Form und bildet von oben nach unten eine gerade Linie. Entsprechend der Schlafposition muss die Matratze also so beschaffen sein, dass zum Beispiel bei Seitenschläfern die Schultern und das Becken so tief in die Matratze einsinken können, dass diese gerade Linie von allein entsteht.

Die Behauptung, »hartes« Liegen sei gesund, ist längst widerlegt. Lediglich bei akuten Bandscheibenvorfällen kann ein harter Untergrund zuträglich sein.

Zur Orientierung: Es gibt drei Härtegrade:
- Härte 1 ist weich und für Personen bis 60 Kilo geeignet
- Härte 2 für Personen bis 80 Kilo
- für alle schweren Jungs: Härte 3 ab 80 Kilo.

Die Höhe der Matratze spielt ebenfalls eine wichtige Rolle. Je höher, desto eher werden Stauchungen vermieden. Diese entstehen, wenn die Matratzenfüllung dem Druck des daraufliegenden Körpers nicht mehr nachgeben kann. Mindestens 16 Zentimeter sollte also eine Matratze hoch sein. Und wo wir gerade von »Höhe« sprechen – es ist auch wichtig, wie hoch die Matratze liegt. Mindesten 60 Zentimeter über dem Boden sollte die Schlafposition sein, da die Luft darunter im Raum tatsächlich erheblich schlechter ist und sich dort vermehrt Allergieauslöser und Krankheitskeime aufhalten. Gut, dass der Trend zum bodennahen Futon der Vergangenheit angehört.

Die Matratze sollte in verschieden Zonen aufgeteilt sein, sodass sie sich durch verschieden Härtezonen perfekt an den Körper anpassen kann. Idealerweise besteht man dann auch noch auf »Würfelschnitt« statt »Wellenschnitt«, und jeder Bettenverkäufer zieht beeindruckt den Hut! Die ideale Aufteilung findet man nur beim persönlichen Probeliegen! Also Zeit und Geduld ist unbedingt erforderlich!

Der Klassiker ist die Federkernmatratze. Sie bietet die beste Durchlüftung, hat hohe Stützkraft und ist relativ preiswert. Zwar gibt es oft so richtig günstige Einstiegsmodelle, aber die sollte man unbedingt links liegen lassen. Denn bei den billigen Modellen wird das Gewicht auf den Federn ungleich verteilt, und es bildet sich rasch die gefürchtete »Kuhle«, mal ganz abgesehen von den Verspannungen im Körper durch die merkwürdige Haltung, in die der Körper dann gezwungen wird. Einzelne Federn können nämlich ihre Form verlieren oder rosten, dadurch werden alle anderen verbundenen Federn ebenfalls deformiert. Also, niemals sogenannte Bonnell- oder Endlosfederkernmatratzen kaufen. Dagegen sind die Taschenfederkernmatratze eine hervorragende Alternative, wenn auch etwas teurer. Dabei ist dann unbedingt auf ein 5-Gang-Federkernsystem zu achten und darauf, ob Polsterträger vorhanden sind, damit die einzelnen Federn nicht spürbar sind. Die ideale Polsterung dafür beginnt bei 3 Zentimeter. Unbedingt auch auf das Kürzel »RG« achten, es gibt das »Raumgewicht« der Polsterung an und sollte nicht unter »30« liegen. Auch müssen die Metallfedern unbedingt »entstört« sein, sonst können Elektrosmog und ein Magnetfeld entstehen, auf das viele Schläfer mit Unruhe und Verspannung regieren.

Latexmatratzen sind bereits in den unteren Preisklassen die teurere Alternative. Deren Preis beginnt bei 200 €, sie bieten allerdings erstklassigen Liegekomfort, da sie sich an den Körper anpassen und recht hygienisch sind. Großer Nachteil: Sie sind relativ luftdicht. Dadurch kommt der Schläfer schneller ins

Schwitzen. Noch schlimmer, der Schweiß wird nicht von der Matratze aufgenommen, sondern kann nur über die Luft verdunsten – also liegt man in den warmen Monaten regelmäßig in einer fiesen Pfütze. Besonders Jungs, die viel Matratzensport betreiben, ist deshalb eher davon abzuraten, denn in der angesammelten Flüssigkeit entstehen jede Menge Krankheitskeime. Außerdem sind die Dinger verdammt schwer! Ohne Hilfe ist so ein Latexmonster kaum zu bewegen – damit wird jeder Umzug zur Höllenqual.

Kaltschaummatratzen sind eine gute Alternative – effektiv und relativ günstig. Sie sind leicht und luftdurchlässig, haben aber trotzdem eine hohe Körperanpassung. Auf jeden Fall ist aber darauf zu achten, dass der Kern einer Kaltschaummatratze mindestens 14 Zentimeter hoch ist und ein Raumgewicht von über »40« hat.

Als Orientierungshilfe: Man sollte nicht unter 500 € für eine Matratze einplanen. Das klingt erst mal teuer, garantiert aber gesunden Schlaf für viele Jahre. Denn bei Matratzen stimmt die Devise – je teurer, desto besser.

Übrigens ist es mit dem Kauf der Matratze alleine nicht getan. Unbedingt zusammen mit der neuen Matratze sollte man einen passenden, darauf abgestimmten Lattenrost kaufen. Sonst gehen die Vorteile einer guten Matratze gleich wieder flöten.

Was zeichnet einen guten Lattenrost aus?

Er sollte mindestens 28 Federleisten, die mindestens 4 Zentimeter breit sind, besitzen. Dazu sollte er sechsfach verleimt sein und der Abstand zwischen den Federleisten nicht mehr als vier Zentimeter betragen. Die Leisten sollten außerdem durch einen Mittelgurt verbunden sein. Vorsicht: Keinen Lattenrost aus Weichholz, Kiefer oder Lärche zulegen. Viel besser ist Buchenschichtholz! Eine funktionale Schulterzone gehört ebenso dazu wie ein einstellbarer Becken- und Rückenbereich.

Sind all diese Anforderungen erfüllt, steht einem neuen sensationellen Schlaferlebnis nichts mehr im Weg. Mit ein paar schmerzhaften ersten Nächten muss man allerdings rechnen, wenn man von einer ausgelutschten Schaumstofffliege auf eine hochwertige Matratze umsteigt, denn der Körper muss erst mal wieder lernen, dass er nun schonend liegen darf. Aber sehr schnell wird man die positiven Effekte der neuen Matratze zu schätzen wissen, ebenso wie jeder willige Besucher, der in das neue Bett steigt!

DIE SCHWULENMUTTI

*i*n Japan nennt man sie »Okoge«! Übersetzt heißt das »Verbrannter Reis, der am Topfboden festklebt«, und besser könnte man die typische Schwulenmutti nicht beschreiben.

Gerne wird sie auch »Gaby« genannt – aus Gründen, die sich mir nicht ganz erschließen. Da finde ich das englische »Fag Hag« irgendwie treffender.

Egal, im Leben eines jeden Schwulen wird es irgendwann eine jener Frauen geben, die entweder wie eine Klette an ihm hängen, oder aber seine beste Freundin werden – die Schwulenmutti.

Doch was ist das eigentlich, eine »Schwulenmutti«, und was macht man mit ihr?

In erster Linie ist es eine lockere Bezeichnung für eine Frau, die sich hauptsächlich in Gesellschaft schwuler Männer aufhält. Oft ist sie mehr oder weniger dick und eigentlich immer sexuell frustriert. Das mag einer der Gründe sein, warum sich diese Frauen so wohl in der Gesellschaft schwuler Männer fühlen. Sie ist dann in der Regel umgeben von gut aussehenden Kerlen, mit denen sie eine sehr enge Beziehung pflegen kann, und wenn beide betrunken genug sind, kann es sogar zu Sex kommen. An den wollen sich beide am nächsten Morgen aber lieber nicht erinnern. Selbstverständlich wird die »Gaby« immer behaupten, dass sie nur deshalb so gerne mit Schwulen zusammen ist, weil sie dann nicht so »blöde von den Heten angemacht« wird. Ha! Was für ein Witz. Denn leider ist die bittere Realität genau andersrum – sie wendet sich den Schwulen zu, weil sie eben *nicht* von jeder Menge Heten angemacht wird.

Eine »Gaby« ist in der Regel die beste Freundin eines schwulen Mannes, man teilt Freud und Leid und schwört ewige Treue zueinander. Bis … ja, bis der Schwule einen Typen kennenlernt und nicht mehr so viel Zeit für seine beste Freundin hat. Dann beginnt meist ein wahres Drama. Die typische »Fag Hag« schließt sich regelmäßig auf jeder Party heulend für Stunden auf der Toilette ein, besäuft sich bis zur Besinnungslosigkeit und wird extrem zudringlich. Sie entwickelt sich zur eifersüchtigen Bestie, kann sie doch nicht verstehen, was *ihr* Schwuler bloß an einem anderen Kerl so viel besser finden kann als an ihr. Die einfache Antwort, dass Schwule nun mal auf Schwänze stehen und Frauen keine haben, reicht ihr als Erklärung jedoch meist nicht aus …

Findet sie dagegen doch irgendwann mal einen Kerl, schmeißt sie alle Versprechen über Bord und verschwindet nahezu komplett aus dem Leben ihres Schwulen.

So, da hätte ich doch so ziemlich jedes Klischee über die gute alte Schwulenmutti präsentiert. Natürlich sind die Mädels nicht immer solche Biester, sondern ziemlich häufig stehen sie uns mit Rat und Tat, offenen Ohren und einem offenen Herz in allen Notlagen zur Seite. Eine gute »Gaby« ist eigentlich eine Bereicherung für jeden schwulen Haushalt!

Trotzdem sollte man im Umgang mit ihr schon ein paar Dinge beachten, damit die beste Freundin nicht zum schlimmsten Albtraum mutiert.

REGELN FÜR DEN UMGANG MIT DER SCHWULENMUTTI

1 Niemals! – unter keinen Umständen!! – jemals!!! Sex mit einer Schwulenmutti!!!! Sie glaubt sonst, dass es doch möglich ist, dich »umzudrehen«, und wird dich nie mehr in Ruhe lassen. Vor allem wird sie bei jedem Typen, den du anschleppst, die hysterisch eifersüchtige Freundin spielen. Erspar dir das!

2 Mach ihr vom ersten Augenblick an klar, dass du schwul bist. Erkläre nie, dass du Frauen ja auch ganz sexy findest oder Brüste für dich interessant sind. Sie wird das als heimliches Geständnis deiner Leidenschaft zu ihr verstehen

3 Willst du auf Männerfang gehen, lass sie zu Hause. Geh alleine oder mit anderen schwulen Freunden. Hast du deine Gaby dabei, wird sie jeden deiner Flirtversuche vereiteln.

4 Sei ehrlich zu ihr! Lebe nicht deine Topmodel-Träume durch sie aus, indem du sie überredest, ausgefallene Klamotten, hohe Hacken und wilde Frisuren zu tragen, obwohl sie weder die Figur noch das Talent hat, solche Sachen zu tragen. Mach sie nicht lächerlich!

5 Wird sie zu aufdringlich, nimmt sie dich in Beschlag oder macht dir regelmäßig ohne Grund eine Szene, weise sie in ihre Schranken. Und zwar hart. Ein paar gute Worte reichen nicht. Sei direkt, ehrlich und konsequent!

6 Lass dich von ihr nicht in deiner Lebensführung einschränken. Wenn du auf etwas Lust hast, tu es! Egal, wie blöd sie es findet und es dir ausreden will. Mach ihr klar, dass du Wünsche und Bedürfnisse hast und diese auch ausleben willst!

100 DINGE, DIE MAN WISSEN MUSS?

100 Dinge? Der aufmerksame Leser wird relativ schnell festgestellt haben, dass es in diesem Buch wesentlich mehr als nur 100 gute Tipps und Ratschläge für den schwulen (und auch heterosexuellen) Mann gibt. Warum dann also dieser Titel? Ganz einfach!

Nicht jeder Leser wird das gesammelte Wissen auf diesen Seiten auch wirklich brauchen, eventuell weil er sowieso viel besser Bescheid weiß als ich, aber vielleicht auch, weil meine Ratschläge kaum etwas mit seiner Lebensrealität zu tun haben. Aber 100 gute Tipps sind das Mindeste, was *jeder* in diesem schönen Buch finden kann.

Dass ich zwar trotz meiner Erfahrung als Lifestyle-Autor und Lebens-Coach dieses Buch nicht alleine schreiben konnte, liegt auf der Hand! Ich mach einen höflichen Knicks und bedanke mich bei meinem Mann, der mir vor Jahren die Augen für das wahre gute Leben gewaltsam öffnen musste – danke, Schatz! Ohne dich geht es nie!

Vielen, vielen Dank auch an den besten Trainer der Welt: Thomas Wenzl! Da wird noch viel mehr kommen!

Natürlich auch ein großes Dankeschön an Susanne Pajunk, die mir auch noch die schlimmsten Rechtschreibpatzer mit einem Lächeln verzeiht!

Danke übrigens auch an Peter Rehberg – es ist zwar schon etwas länger her, aber ohne ihn würde es dieses Buch auch nicht geben!

Tausend Dank geht außerdem an all die leckeren Jungs, die tatkräftig an diesem Buch mitgearbeitet haben – ihr wisst, wen ich meine!

Und zu guter Letzt, vielen Dank an all die Mädels der vielen, vielen Agenturen, mit denen ich in den letzten Jahren all die herrlichen Beauty- und Lifestyle-Themen bearbeiten durfte. Ihr seid alle super!

P.S.: Bevor ich es vergesse – vielen Dank, dass du dieses Buch gekauft hast. Ich hoffe, es hat dir ebenso viel Spaß beim Lesen gemacht wie mir beim Schreiben! Danke – ich knutsch euch alle!